Lindemann Group

Peter Schießl

Microsoft

Excel 2019

Schulungsbuch mit Übungen
Excel easy von Anfang an

ISBN 979 8522701-02-4
Print on Demand since 2018-12-01
V250212 / Lindemann Group
Herausgeber: Lindemann BHIT, München
Postanschrift: LE/Schießl, Fortnerstr. 8, 80933 München
E-Mail: post@kamiprint.de Fax: 0049 (0)89 99 95 46 83
© Dipl.-Ing. (FH) Peter Schießl, München
www.lindemann-beer.com / www.kamiprint.de

Dieses Buch wurde mit größter Sorgfalt erstellt. Dennoch kann weder Verlag noch Autor aufgrund der Vielfalt der Soft- und Hardware irgendeine Haftung für Schäden durch Fehler des Buches oder der beschriebenen Programme übernehmen.

Alle erwähnten Namen von Programmen sind überwiegend eingetragene Markenzeichen der jeweiligen Hersteller und werden hier nur zur Identifikation dieser Originalprogramme genannt, deren Anwendung in diesem Schulungsbuch beschrieben wird.

Dieses Buch wurde anhand einer Standard-Installation von MS Office 2019 Pro auf Windows 10 erstellt. Abweichungen von den Beschreibungen und Abbildungen sind durch eine benutzerdefinierte Installation, Updates oder durch andere installierte Software möglich.

Inhaltsverzeichnis

Erster Teil

GRUNDLAGEN

Fenstertechnik, Speichern, Arbeitsmappe, Eingabe u.v.m.

Allgemeine Abkürzungen:

Dateien:	
[Strg]-s	Speichern
[Strg]-p	Drucken
[Strg]-f	Suchen
[Strg]-k	Hyperlink einfügen
[Strg] -	Zelle, Zeile oder Spalte löschen (Zelle darf nicht geöffnet sein)
Datum und Uhrzeit einfügen:	
[Strg]-[;]	Datum
[Strg]-[:]	Uhrzeit
Rückgängig, Kopieren:	
[Strg]-z	Rückgängig
[Strg]-x, c, v	Ausschneiden, Kopieren, Einfügen.
Wichtige Tasten:	
[F1]	Hilfe
[Esc]	Abbrechen, ohne Änderung verlassen.
[Alt]-[Return]	Neue Zeile in Zelle erzwingen.

1. Programme und Fenster

1.1 Excel starten

> Klicken Sie auf das Windows Symbol unten links. Beachten Sie:

    ↳ **Maustaste loslassen**, das Startmenü bleibt geöffnet und Sie können sich mit der Maus durch die Menüs bewegen (ohne zu drücken!).

    ↳ Erst wieder drücken, wenn das gewünschte Programm gefunden ist.

Auf jedem Rechner sind andere Programme installiert, aus diesem Grund gibt es andere Starteinträge.

    ♦ **Excel 2017** finden Sie nicht mehr in dem Ordner **Microsoft Office**, sondern direkt unter „**Alle Programme**":

Drücken Sie einmal mit der linken Maustaste auf das **Windows Symbol**, dann in der zweiten Spalte die **Programmliste** bis zum Excel bei E durchgehen.

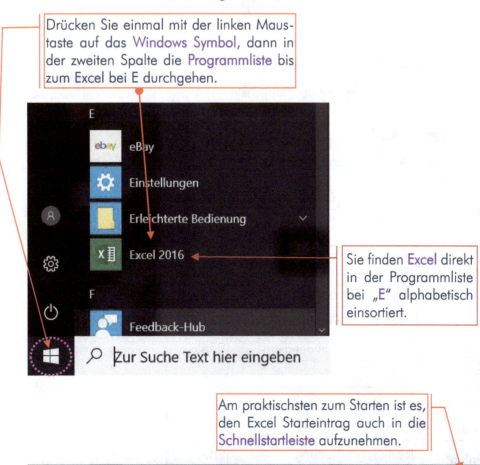

Sie finden **Excel** direkt in der Programmliste bei „**E**" alphabetisch einsortiert.

Am praktischsten zum Starten ist es, den Excel Starteintrag auch in die **Schnellstartleiste** aufzunehmen.

1.1.1 Die Schnellstartleiste

Wir empfehlen, wenn Sie oft mit MS Excel arbeiten, ein Symbol in der Schnellstartleiste einzurichten.

♦ Die Schnellstartleiste ist im Windows automatisch aktiviert, deren Einträge sind gleich rechts neben dem Windows Symbol.

♦ Den Excel-Starteintrag (s. vorige Seite) mit gedrückter linker Maustaste nach unten in die Schnellstartleiste neben Start ziehen.

  ↳ Erst die Maus loslassen, wenn „Link" eingeblendet wird, sonst sind Sie noch nicht an der richtigen Position. Ggf. mit [Esc] abbrechen.

Ein Excel-Eintrag in der Schnellstartleiste stört nicht so wie eine Verknüpfung auf dem Bildschirm.

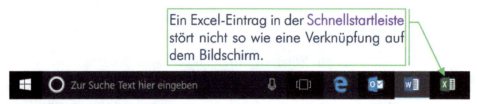

1.2 Eingabe in Excel

➢ Starten Sie Excel und wählen Sie „Leere Arbeitsmappe":

♦ Zu andere Zellen kommen Sie

  ↳ einfachste Methode: mit der Maus das gewünschte Feld anklicken,

  ↳ mit den Richtungstasten,

  ↳ mit Return oder mit der [Tab]-Taste.

Leere Arbeitsmappe

1.2.1 Die erste Tabelle

➢ Schreiben Sie folgendes Telefon-Durchwahlverzeichnis als Ihre erste Tabelle:

Walter	Schalter	Technik	222
Heinz	Chef	Leitung	111
Dietmar	Fleißig	Vertrieb	232
Eleonore	Neu	Leitung	123
Sepp	Kraxel	Applikation	321
Gabi	Gaban	Kundendienst	254
Enter	Taste	EDV	214
Tatiana	Schmidt	Vertrieb	253
Anton	Kanton	Vertrieb	254
Anton	Überflüssig	Leitung	287

1.2.2 Fehler korrigieren

Sie können eine Zelle anklicken und mit der [Entf]-Taste den Inhalt komplett löschen. Um den Inhalt zu korrigieren, gibt es zwei Varianten:

Wenn der Cursor an der richtigen Stelle blinkt (Cursor mit der Maus oder den Richtungstasten versetzen), können Sie wie üblich mit der [Rück]-Taste oder der [Entf]-Taste löschen.

Korrigieren Sie:

> ➢ Walter Schalter zu Walter Malter und

> ➢ EDV zu IT.

1.2.3 Eintrag komplett ersetzen

Hierfür reicht es aus, das betreffende Feld einmal anzuklicken. Der alte Text wird beim Schreiben durch den neuen ersetzt:

> ➢ Ersetzen Sie: Enter Taste zu Ben Taste.

Hinweis: Sie können auf die Zeilennummer klicken, um eine ganze Zeile zu markieren.

> ➢ Löschen Sie den Eintrag Anton Überflüssig komplett. Hierfür links auf die Zeilennummer 14 klicken, um die ganze Zeile zu markieren, dann [Entf].

Zusammenfassung:

- ◆ zum Ändern eines Eintrages mit der Maus doppelklicken,

- ◆ zum Ersetzen Feld einmal anklicken, neuen Eintrag schreiben,

- ◆ zum Löschen einmal anklicken und die [Entf]-Taste drücken.

1.3 Über die Befehle

1.3.1 Das Symbolband – eine Multifunktionsleiste

Excel bietet sehr viele Möglichkeiten und Einstellungen. Diese müssen irgendwie zugänglich gemacht werden.

♦ In der kombinierten Symbolleiste sind die meisten Symbole in Gruppen (Karteikarten: Start, Einfügen...) einsortiert:

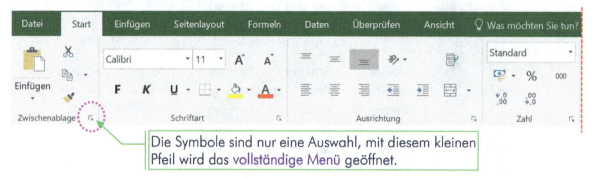

Die Symbole sind nur eine Auswahl, mit diesem kleinen Pfeil wird das vollständige Menü geöffnet.

Je nach Breite des Fensters werden mehr oder weniger Beschriftungstexte eingeblendet. In dieser Hinsicht ist daher ein großer Monitor mit möglichst hoher Auflösung vorteilhaft.

Ein erster Überblick:

♦ Start: Kopieren und Einfügen, Schrift- und Absatzformatierungen ...

♦ Einfügen: neue Seite, Tabelle, Grafik, Diagramm usw. einfügen ...

♦ Seitenlayout: Seitenformat und Absatzeinstellungen ...

♦ Formeln: Formeln oder Datum einfügen, Querverweise ...

♦ Daten: Sortieren, Verbindungen, Filtern, Duplikate ...

♦ Überprüfen: Rechtschreibprüfung, Schützen, Freigeben ...

♦ Ansicht: Ansichtsart, Fenster, Makros ...

1.3.2 Standardaktionen Öffnen, Speichern, Rückgängig

Gleich oben sowie bei Datei finden Sie Standardaktionen:

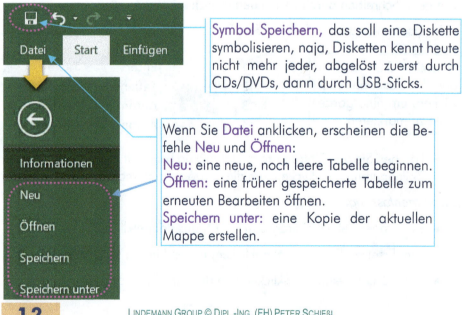

Symbol Speichern, das soll eine Diskette symbolisieren, naja, Disketten kennt heute nicht mehr jeder, abgelöst zuerst durch CDs/DVDs, dann durch USB-Sticks.

Wenn Sie Datei anklicken, erscheinen die Befehle Neu und Öffnen:
Neu: eine neue, noch leere Tabelle beginnen.
Öffnen: eine früher gespeicherte Tabelle zum erneuten Bearbeiten öffnen.
Speichern unter: eine Kopie der aktuellen Mappe erstellen.

1.3.3 Beispiel Symbole

Zuerst die richtige Karteikarte wählen, hier Start, dann finden Sie Symbole und Abrollmenüs:

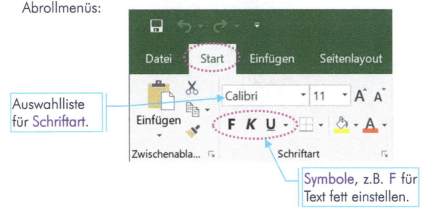

- Infotext zu den Symbolen:
  - ꝝ Bewegen Sie die Maus auf ein Symbol (nicht klicken). Nach kurzer Zeit wird automatisch angezeigt, was das Symbol bedeutet.
  - ꝝ Bewegen Sie die Maus zu den anderen Symbolen, so wird auch deren Bedeutung gemeldet.
- Als Alternative gibt es Tastaturabkürzungen, z.B.:
  - ꝝ [Strg]-n: neue Datei beginnen,
  - ꝝ [Strg]-o: vorhandene Datei öffnen und
  - ꝝ [Strg]-s: aktuelle Arbeitsmappe speichern.

1.3.4 Befehl, Symbol oder Shortcut

Sie finden oben in der Menüleiste alle Befehle einsortiert, z.B. bei Datei alle Befehle, die die ganze Datei betreffen wie Öffnen, Speichern usw. Darunter das Symbolband mit den wichtigsten Aktionen, dann die Bearbeitungsleiste.

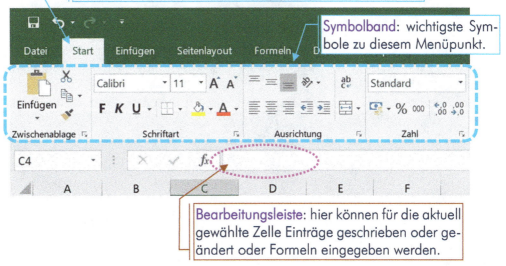

2. Speichern und Ordner

Viel Arbeit steckt meist in jeder Tabelle (genauer: Arbeitsmappe). Also wird es Zeit, das Speichern zu behandeln.

♦ Die Daten existieren bisher nur im Arbeitsspeicher.

↳ Dieser funktioniert elektrisch, daher ist alles verschwunden, sobald der Rechner ausgeschaltet wird, wenn wir nicht dauerhaft auf einem Datenträger speichern, z. B. auf Festplatte oder USB-Stick.

2.1 Äußerst wichtiges Grundwissen

♦ Jede gespeicherte Arbeitsmappe wird eine Datei.
↳ Zur Unterscheidung erhält jede Datei einen Dateinamen.
↳ Dateinamen können bis zu 255 Buchstaben lang sein.
↳ Wählen Sie sorgfältig einen Dateinamen, an dem Sie später die Datei möglichst gut identifizieren können.

♦ Dem Dateinamen wird automatisch eine Dateiendung angehängt.
↳ Anhand dieser Dateiendung sehen wir, ob es sich um einen Text (z.B. docx), eine Grafik (z.B. cdr) oder eine Excel-Arbeitsmappe mit der Endung xlsx (früher xls) handelt.
↳ Dateiendungen sind im Windows nach einer Standardinstallation nicht sichtbar. So können Sie diese bei Windows 10 aktivieren: im Windows Explorer Datei/„Ordner- und Suchoptionen ändern" wählen, dort auf der Karteikarte Ansicht den Punkt „Erweiterungen bei bekannten Dateitypen ausblenden" abschalten.

♦ Auf einer winzigen Festplatte kann eine ganze Bibliothek abgespeichert werden. Damit wir den Überblick behalten,
↳ werden Dateien in passende Ordner einsortiert, so wie z.B. herkömmliche Papierunterlagen in einen Ordner mit entsprechender Aufschrift abgeheftet werden.
↳ Genauso im Computer, weshalb wir vor dem Speichern einen neuen Ordner für unsere Übungsdateien erstellen werden.
↳ Ein neuer Ordner wird natürlich nur einmalig für eine neue Art von Dateien erstellt, z.B. einen Ordner für unsere Übungen oder z.B. einen Ordner „Finanzierungen" oder „Immobilien" usw.

> Bitte nicht gedankenlos irgendwo auf die Festplatte speichern! Nach einiger Zeit haben Sie ein Chaos aus Hunderten Dateien! Dateien, die versehentlich in einem falschen Ordner gespeichert wurden, finden Sie nur schwer wieder!

2.2 Neuer Ordner

Speichern wir unsere Telefonliste. Aber wohin speichern?

♦ Beim ersten Speichern werden Sie nach dem Dateinamen und nach dem Speicherort (welcher Datenträger, welcher Ordner?) gefragt.

    ↳ Wir wollen alle Excel-Übungen, die wir im Folgenden erstellen werden, in einen neuen Ordner zusammen speichern.

    ↳ Darum werden wir zunächst diesen neuen Ordner erstellen.

Das geht sehr einfach, nämlich direkt in dem Speichern- sowie auch in dem Öffnen-Fenster.

    ➢ Drücken Sie auf das Symbol für Speichern (oder [Strg]-s):

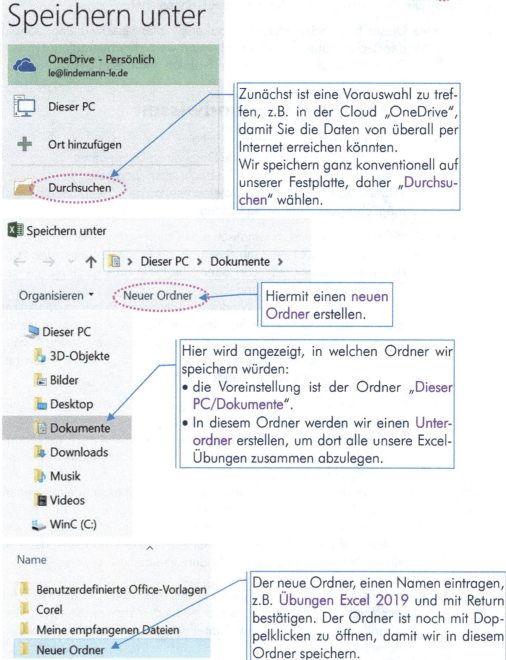

Zunächst ist eine Vorauswahl zu treffen, z.B. in der Cloud „OneDrive", damit Sie die Daten von überall per Internet erreichen könnten.
Wir speichern ganz konventionell auf unserer Festplatte, daher „Durchsuchen" wählen.

Hiermit einen neuen Ordner erstellen.

Hier wird angezeigt, in welchen Ordner wir speichern würden:
- die Voreinstellung ist der Ordner „Dieser PC/Dokumente".
- In diesem Ordner werden wir einen Unterordner erstellen, um dort alle unsere Excel-Übungen zusammen abzulegen.

Der neue Ordner, einen Namen eintragen, z.B. Übungen Excel 2019 und mit Return bestätigen. Der Ordner ist noch mit Doppelklicken zu öffnen, damit wir in diesem Ordner speichern.

➢ Hier ist der neue Ordner „Übungen Excel 2019" bereits mittels Doppel-klickens geöffnet und wird oben angezeigt, so dass der Dateiname ein-gegeben werden kann:

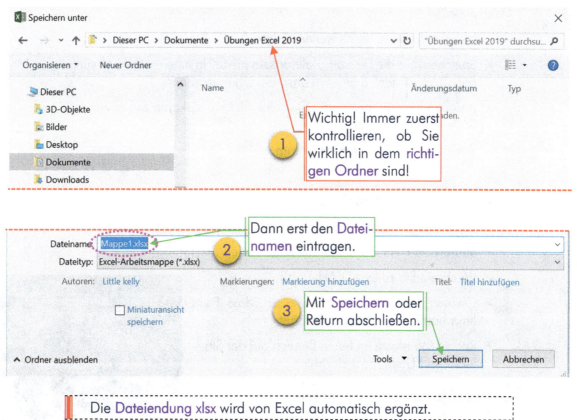

Die Dateiendung xlsx wird von Excel automatisch ergänzt.

2.3 Datei schließen

Was wollen Sie beenden? Das ganze Excel oder die aktuelle Telefontabelle?

♦ Zum Beenden ist das ⊠-Symbol rechts oben zuständig:

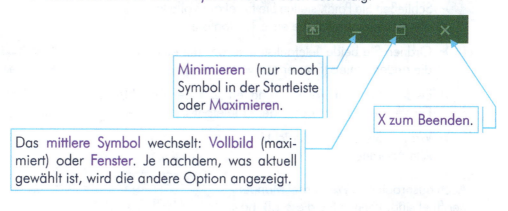

Jede neue Arbeitsmappe wird in einem neuen Fenster geöffnet, mit [Alt]-[Tab] kann zwischen den Fenstern bequem gewechselt werden, oder einfach mit der Maus das gewünschte Fenster anklicken.

➢ Verlassen Sie Excel.

2.4 Abschlussübung

Zur Routine eine Übung für diesen grundlegenden Stoff.

Datei erstellen:

> ➤ Erstellen Sie eine kleine weitere Telefonliste.

> ➤ Speichern Sie die Liste als „Telefonliste privat" in einem neuen Unterordner „Telefonlisten" (immer in unserem Übungsordner!).

> ➤ Erstellen Sie mit Speichern unter eine Sicherungskopie auf einem USB-Stick mit dem Namen:
>
>   **Telefonliste privat aktuelles Datum.**

Fenstertechnik im Windows:

> ➤ Schalten Sie Excel auf Vollbildgröße.

> ➤ Starten Sie Paint (Paint 3D) mit einer neuen Zeichnung.

> ➤ Wechseln Sie zu Excel ([Alt]-[Tab]).

> ➤ Ordnen Sie Excel und Paint so an, dass Paint links und Excel rechts angeordnet ist.

> ➤ Rechte Maustaste im freien Bereich auf der Startleiste und Überlappend wählen.

Überlappend, gestapelt und nebeneinander ausprobieren. Desktop anzeigen verkleinert alle Programme zu einem Symbol in der Startleiste.

Fenstertechnik im Excel:

> ➤ Schließen Sie Paint, stellen Sie Excel auf Vollbild und öffnen Sie zusätzlich die erste Telefonliste.

> ➤ Ordnen Sie beide Telefonlisten so an: die eine oben, die andere unten (Fenster erst verkleinern).

> ➤ Beide Listen auf Vollbild schalten und bei Ansicht/-Fenster wechseln zu der anderen Telefonliste wechseln.

> ➤ Wählen Sie im Excel Ansicht/-Alle Anordnen:

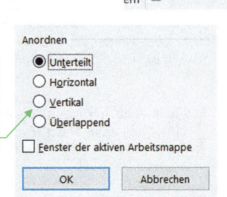

Auch ausprobieren. Wenn zwei Mappen geöffnet sind, können Sie diese z.B. horizontal, d.h. untereinander anordnen, um von einer in die andere zu kopieren. Oder vertikal (=nebeneinander).

> ➤ Beenden Sie Excel.

3. Arbeitsmappe und Tabellen

Vieles erklärte sich bei der Telefonliste im vorigen Kapitel von selbst. Jetzt folgt ein Überblick über Excel, mit der ersten Formel anhand einer Übung.

3.1 Was ist Excel?

Excel ist ein sogenanntes Tabellen-Kalkulations-Programm. Das heißt, wir können Daten eingeben und automatisch Berechnungen durchführen lassen, z.B. für eine Rechnung:

Artikel	E-Preis	Stück	Preis
Bleistifte	0,99	3	2,97 €
Radierer	2,50	2	5,00 €
		Gesamt:	7,97 €

Damit Excel weiß, welche Daten zusammengehören, werden diese in Tabellen eingetragen (siehe Beispiel), daher der Name Tabellenkalkulation.

Kleiner Überblick:

- Betriebssystem: Windows, Linux, Unix, Apple IOS, Android …

- Textverarbeitung: MS Word, Open Office Writer, Corel WordPerfect…

- Tabellenkalkulation: Excel, Lotus 1 2 3, Libre Office Calc, PlanMaker, Numbers…

- Datenbank: Access, dBase, FoxPro, MySQL …

3.2 Unterschied Datenbank-Kalkulation

Folgende Einteilung soll den Unterschied zwischen einem Datenbank- und Kalkulationsprogramm verdeutlichen:

- In einem Datenbankprogramm (z.B. MS Access) werden überwiegend Daten (Adressen, Telefonnummern …) gesammelt, um diese z.B. für Serienbriefe zu verwenden.

- In einem Kalkulationsprogramm (z.B. Excel) sollen hauptsächlich Berechnungen durchgeführt werden, z.B. Verkaufsübersichten, Rechnungen, stat. Auswertungen, Vergleich Leasing oder Kauf usw.

3.3 Die Arbeitsmappe

Damit Excel weiß, welche Werte z.B. addiert werden sollen, werden die Daten in einer Tabelle eingetragen.

Und weil sehr oft mehrere Berechnungen zu einem Projekt gehören, können mehrere Tabellen in einer Arbeitsmappe angelegt werden. Die einzelnen Tabellen werden Blätter genannt.

Blätter

➢ Öffnen Sie den Übungstext Telefonliste.

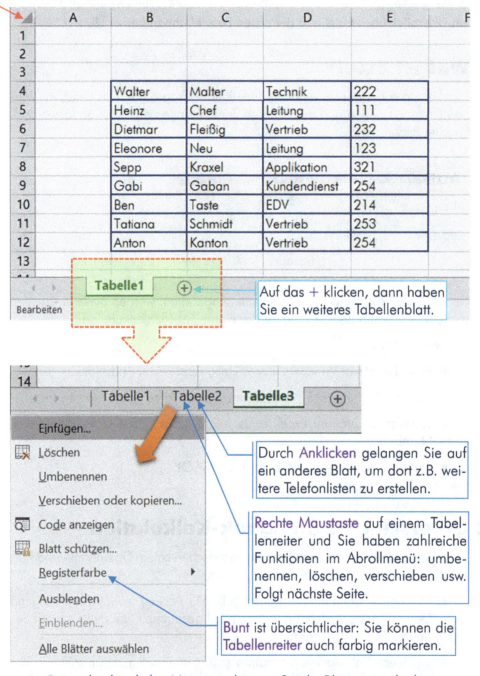

Hier oben links können Sie die gesamte Tabelle markieren.

Auf das + klicken, dann haben Sie ein weiteres Tabellenblatt.

Durch Anklicken gelangen Sie auf ein anderes Blatt, um dort z.B. weitere Telefonlisten zu erstellen.

Rechte Maustaste auf einem Tabellenreiter und Sie haben zahlreiche Funktionen im Abrollmenü: umbenennen, löschen, verschieben usw. Folgt nächste Seite.

Bunt ist übersichtlicher: Sie können die Tabellenreiter auch farbig markieren.

➢ Bei gedrückter linker Maustaste können Sie die Blätter verschieben, probieren Sie dies aus, indem Sie „Tabelle 1" zwischen „Tabelle2" und „Tabelle3" ziehen.

3.4 Blätter ergänzen und löschen

Da solche leeren Tabellenblätter keinen Speicherplatz beanspruchen, stören diese leeren Blätter nicht, können jedoch benutzt werden, um das aktuelle Projekt zu erweitern, z.B. für weitere Telefonlisten.

So können Sie ein Blatt löschen:

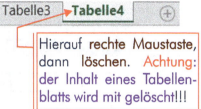

➤ Ergänzen Sie noch ein Tabellenblatt.

➤ Blättern Sie zu dem neuen Tabellenblatt.

Hierauf rechte Maustaste, dann löschen. Achtung: der Inhalt eines Tabellenblatts wird mit gelöscht!!!

Die Befehle wären im Menü Start, doch mit der rechten Maustaste auf einem Tabellenreiter sind diese viel einfacher zugänglich:

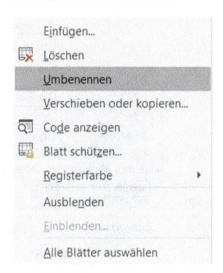

♦ Einfügen... neues Blatt ergänzen, mit Return ein Standard-Tabellenblatt bestätigen.

Damit wird ein neues Tabellenblatt ergänzt, möglicherweise aber nicht an der richtigen Position.

Blätter verschieben:

➤ Fassen Sie das neue Tabellenblatt an (Maus gedrückt halten) und ziehen Sie es hinter Blatt 2, dort Maus loslassen (Pfeil beachten).

Sie können auch mehrere Blätter gleichzeitig verschieben, wenn Sie diese markiert haben.

Mehrere Blätter ergänzen:

➤ Markieren Sie Tabelle 2 und 3. Wenn Sie die [Strg]-Taste gedrückt halten, können Sie mehrere Tabellenblätter anklicken und markieren.

➤ Dann rechte Maustaste unten auf dem Tabellenreiter und Einfügen, anschließend Tabellenblatt wählen - es wurden gleich zwei neue Tabellen eingefügt.

So könnten Sie mehrere überflüssige Blätter löschen:

➤ Markieren Sie Blatt 3 bis 5 mit der Maus ([Strg]-Taste drücken).

➤ Jetzt wieder rechte Maustaste/löschen wählen.

Blätter umbenennen:

♦ Entweder auf einem Tabellenreiter die rechte Maustaste drücken und in dem erscheinenden Menü umbenennen wählen oder

♦ auf den Tabellenreiter Doppelklicken, dann überschreiben,

    ↳ oder noch einmal klicken, um den Namen gezielt zu korrigieren.

➤ Benennen Sie das die ersten drei Tabellenblätter in „Haus1, 2, 3" um:

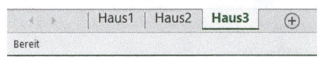

3.5 Zeilen und Spalten

Nun werden wir uns die Tabelle etwas genauer ansehen.

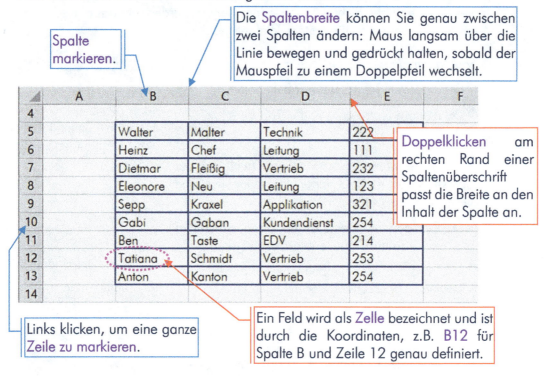

Übung:

 ➢ Verkleinern Sie die Spalte E mit den Telefon-Durchwahlnummern automatisch durch Doppelklicken, dann manuell wieder etwas verbreitern.

 ➢ Verbreitern Sie die Spalte D mit der Abteilung.

3.6 Die Bezeichnungen der Spalten und Zeilen

Wenn Sie das vorige Fenster betrachten, ist z.B. Herr Fleißig eindeutig definiert: in der Spalte C und Zeile 7, in der Excel-Sprache C7. Diese Koordinaten sind später bei der Formeleingabe wichtig.

Einige Excel-Puristen stellen die Bezeichnung der Spalten um, so dass auch diese mit Zahlen nummeriert sind. Herr Fleißig wäre dann in Zeile 7 und Spalte 3, kurz: Z7S3.

Je schwieriger die Berechnungen werden, umso wichtiger ist es, den Überblick zu behalten. Weil auf manchen Schulungsrechnern die numerische Spaltenbezeichnung eingestellt wurde (der Standard nach der Installation ist A B C…. für die Spalten), folgt jetzt der Hinweis, wie Sie dies zurückstellen könnten.

 ➢ Das geht bei Datei, dann Optionen und dort

 ➢ bei Formeln – falls aktiviert –die Bezugsart Z1S1 ausschalten:

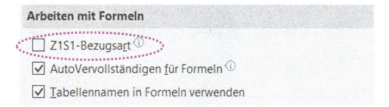

3.7 Kopieren und Verschieben

♦ Viele Aktionen können auf diesen Wegen gestartet werden:

    ✎ Mit der rechten Maustaste auf dem zu kopierenden Element oder

    ✎ im Menü mit den Symbolen, hier z.B. für Ausschneiden, Kopieren, Einfügen:

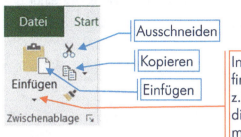

In der Abrollliste beim Einfügen-Symbol finden Sie Inhalte einfügen:
z.B. alles, nur der Wert, die Formel oder die Formatierung einfügen (falls eine Formel kopiert wurde).

Die Funktionsweise:

♦ Ausschneiden kopiert das Markierte in den Arbeitsspeicher und löscht das Original, während beim

♦ Kopieren das Original erhalten bleibt.

♦ Bei beiden Befehlen kann das in den Arbeitsspeicher Kopierte anschließend beliebig oft eingefügt werden.

    ✎ Eingefügt wird immer an der aktuellen Cursorposition.

    ✎ Ist etwas markiert, so wird das Markierte beim Einfügen ersetzt!

♦ Außerdem gibt es oft noch praktische Tastaturabkürzungen, mit denen besonders schnell und komfortabel kopiert werden kann:

    ✎ [Strg]-x für Ausschneiden,
    ✎ [Strg]-c für Kopieren und
    ✎ [Strg]-v für Einfügen.

> Was kopiert werden soll, muss zuerst markiert werden.

3.7.1 Zeile kopieren

➢ Markieren Sie die Zeile Nr. 8, indem Sie links davon auf dem Zeilenrand klicken, dann Symbol Kopieren drücken.

➢ Nun die nächste Zeile markieren und mit [Strg]-v einfügen.

> Beachten Sie, dass der vorhandene Eintrag überschrieben wurde!

➢ Also Rückgängig, dann diese nächste Zeile „Sepp Kraxel" markieren und rechte Maustaste/Kopierte Zellen einfügen.

    ✎ Auf diese Art wird die vorhandene Zeile nicht überschrieben, sondern nach unten verschoben.

➢ Ändern Sie bei der Kopie nur den Vornamen und die Durchwahltelefonnummer.

3.7.2 Umstellen

Jetzt geht es ans Umstellen. Dabei ist folgendes zu beachten:

- ◆ Zuerst Zeilen oder Spalten markieren, rechte Maustaste auf der Markierung, dann Ausschneiden drücken.

  - ↳ Diese Daten merkt sich Excel. Um Datenverlust vorzubeugen, werden diese jedoch erst ausgeschnitten, sobald Sie die Daten an einer anderen Stelle einfügen.

- ◆ Der nächste Schritt birgt eine Gefahr, denn wenn Sie Zeilen oder Spalten mit vorhandenen Daten markieren,

  - ↳ dann Einfügen drücken, so werden die vorhandenen Daten überschrieben, also gelöscht!

  - ↳ Falls dies ungewollt passiert, ist Rückgängig die Rettung!

> Vorhandene, markierte Daten werden mit Einfügen gelöscht!

Nur mit dieser Vorgehensweise werden vorhandene Daten nicht überschrieben:

- ◆ Die Zeile oder Spalte, vor der die Daten eingefügt werden sollen, markieren,

- ◆ dann auf der Markierung die rechte Maustaste drücken und „Ausgeschnittene (oder ggf. kopierte) Zellen einfügen" wählen.

Alternativen:

- ◆ Zum Umstellen 3-Schritt-Technik:

  - ↳ zuerst markieren, ausschneiden und irgendwo im leeren Bereich einfügen,

  - ↳ dann was an dessen Position soll, markieren, ausschneiden und an dessen Position einfügen,

  - ↳ abschließend das weg kopierte wieder ausschneiden und an die Zielposition einfügen.

Probieren Sie dies auch noch aus:

- ➤ Verschieben Sie die Spalte mit den Nachnamen an die erste Stelle, also vor die Spalte mit den Vornamen.

  - ↳ Auch hierfür ist die oben beschriebene 3-Schritt-Vorgehensweise erforderlich.

  - ↳ Möglicherweise sind auch die Rahmenlinien passend zu ergänzen.

4. Der Excel-Bildschirm

In diesem Kapitel wird die Oberfläche von Excel vorgestellt und dabei auf wichtige Bereiche aufmerksam gemacht.

4.1 Schnellzugriffsleiste und Statuszeile

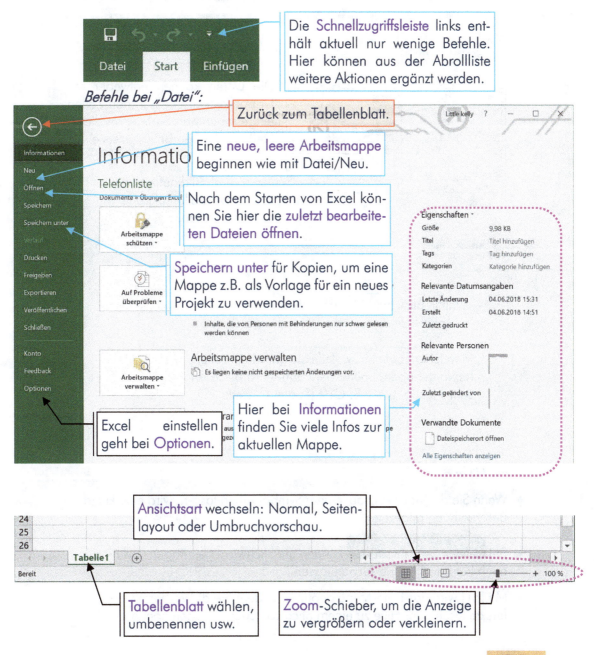

Die Schnellzugriffsleiste links enthält aktuell nur wenige Befehle. Hier können aus der Abrollliste weitere Aktionen ergänzt werden.

Befehle bei „Datei":

Zurück zum Tabellenblatt.

Eine neue, leere Arbeitsmappe beginnen wie mit Datei/Neu.

Nach dem Starten von Excel können Sie hier die zuletzt bearbeiteten Dateien öffnen.

Speichern unter für Kopien, um eine Mappe z.B. als Vorlage für ein neues Projekt zu verwenden.

Excel einstellen geht bei Optionen.

Hier bei Informationen finden Sie viele Infos zur aktuellen Mappe.

Ansichtsart wechseln: Normal, Seitenlayout oder Umbruchvorschau.

Tabellenblatt wählen, umbenennen usw.

Zoom-Schieber, um die Anzeige zu vergrößern oder verkleinern.

4.2 Einige wichtige Symbole

Hier wird die Cursorposition angegeben:
Spalte C, Zeile 12.
Zusätzlich werden bei Excel die aktuelle Zeile und
Spalte links und oben schön farbig hervorgehoben.
Das ist später bei der Formeleingabe nützlich.

Letzte Aktionen rückgängig
machen, daneben die andere
Richtung: wiederherstellen.

Je nach Breite des Excel-Fensters
werden Beschriftungstexte angezeigt oder reduziert.

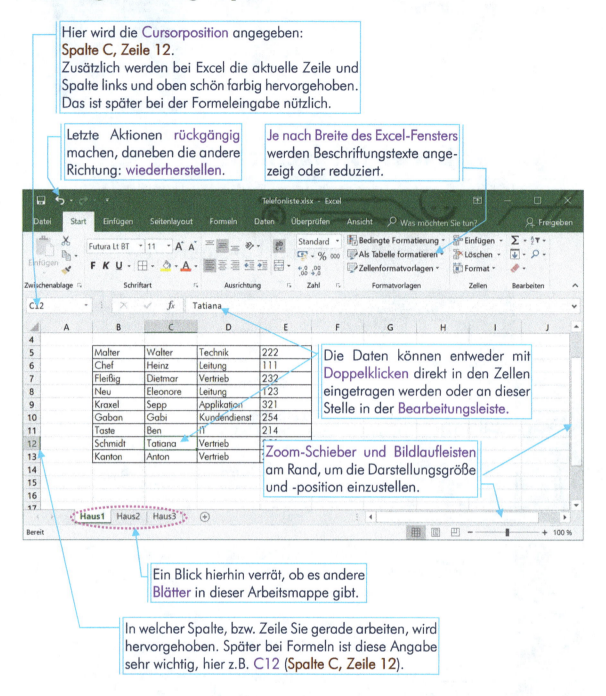

Die Daten können entweder mit
Doppelklicken direkt in den Zellen
eingetragen werden oder an dieser
Stelle in der Bearbeitungsleiste.

Zoom-Schieber und Bildlaufleisten
am Rand, um die Darstellungsgröße
und -position einzustellen.

Ein Blick hierhin verrät, ob es andere
Blätter in dieser Arbeitsmappe gibt.

In welcher Spalte, bzw. Zeile Sie gerade arbeiten, wird
hervorgehoben. Später bei Formeln ist diese Angabe
sehr wichtig, hier z.B. C12 (Spalte C, Zeile 12).

Über die Hilfe:

♦ Wenn Sie die Maus kurz auf einem Symbol ruhen lassen, wird eine kurze
Beschreibung angezeigt.

♦ Bei 🔍 Was möchten Sie tun? können Sie Stichwörter eintragen und hierzu
nach Return Hilfetexte suchen lassen.

♦ Mit [F1] wird das Hilfe-Menü geöffnet, in dem Sie die vorbereiteten Hilfetexte lesen oder Hilfe zu einem Stichwort suchen lassen können.

4.3 Die Spalten sortieren

Nach der vorigen Übung aus Kapitel 3.7.2 ist die Spalte mit den Nachnamen an erster Position. Mit diesem Symbol im Menü Start können Sie die Zeilen sortieren lassen:

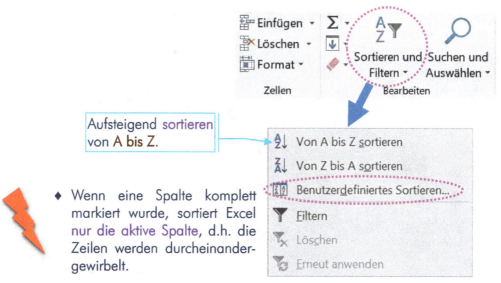

Aufsteigend sortieren von A bis Z.

 ◆ Wenn eine Spalte komplett markiert wurde, sortiert Excel nur die aktive Spalte, d.h. die Zeilen werden durcheinandergewirbelt.

◆ Wenn nur eine Spalte der Daten markiert ist, erscheint eine Frage „Markierung erweitern…".

✎ Nur wenn Sie die Markierung erweitern, so dass alle Einträge markiert sind, oder gleich von vornherein die ganze Tabelle markiert hatten, wird zeilenweise sortiert.

✎ Gfg. sofort Rückgängig, die komplette Tabelle markieren und erneut sortieren.

> Prüfen Sie stets nach, ob komplett zeilenweise sortiert wurde! Sie können das Rückgängig- und Wiederherstellen-Symbol benutzen, um die korrekte Sortierung zu überprüfen.

➢ Sortieren Sie nach dem Nachnamen, dann nach der Telefonnummer mit „Benutzerdefiniertes Sortieren", dann die Sortierung rückgängig machen. Das Menü, wenn zuvor das ganze Blatt markiert wurde:

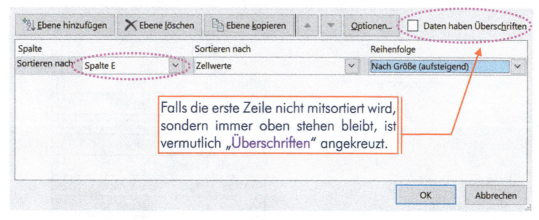

Falls die erste Zeile nicht mitsortiert wird, sondern immer oben stehen bleibt, ist vermutlich „Überschriften" angekreuzt.

Im obigen Menü können Sie nicht nur wählen, nach welcher Spalte sortiert werden soll, sondern z.B. noch eine weitere Ebene hinzufügen, damit etwa bei mehreren gleichen Nachnahmen auch noch nach dem Vornamen sortiert wird.

4.4 Tabelle formatieren

Die Telefonliste ist nun fast fertig und sollte vor dem Ausdruck noch verschönert werden. Selbstverständlich können wir auch im Excel alles einstellen: Schriftart, -größe, -farbe …

Die Symbole für die Formatierungen sind gleich bei Start:

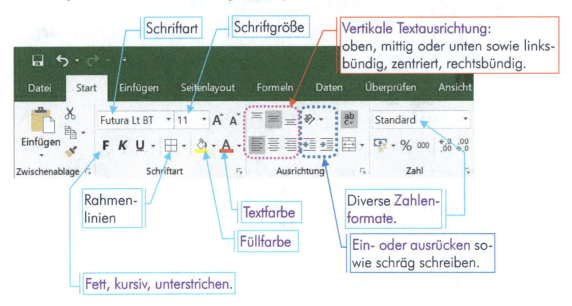

♦ Was geändert werden soll, muss zuerst markiert werden!

♦ Eine Auswahlliste wird aufgeklappt, wenn Sie den Pfeil z.B. bei Schriftart oder -größe drücken.

Formatieren Sie die Tabelle:

➢ Formatieren Sie die erste Spalte mit den Nachnamen: fett, Textfarbe dunkelblau, Hintergrundfarbe hellrot.

➢ Ändern Sie die Schrift in Arial. Wählen Sie für die zwei mittleren Spalten Arial Narrow, da diese sehr wenig Platz beansprucht.

➢ Die Spalte mit den Durchwahlnummern ebenfalls fett und dunkelblau einstellen, z.B. mit Format übertragen, Hintergrundfarbe orange.

➢ Dann alle Zeilen markieren und Rahmenlinien wählen, z.B. zuerst alle Linien, danach noch zusätzlich eine dicke Außenlinie.

So sollte es ungefähr werden:

Mit Excel sollen häufig Tabellen oder Diagramme für Präsentationen erstellt werden. Darum widmen wir uns ausführlich den grafischen Einstellmöglichkeiten.

Alternative: probieren Sie nun die Zellenformatvorlagen (bei Start; zuerst markieren).

Chef	Heinz	Leitung	111
Fleißig	Dietmar	Vertrieb	232
Gaban	Gabi	Kundendienst	254
Kanton	Anton	Vertrieb	254
Kraxel	Sepp	Applikation	321
Malter	Walter	Technik	222
Neu	Eleonore	Leitung	123
Neu	Karin	Leitung	124
Schmidt	Tatiana	Vertrieb	253
Taste	Ben	EDV	214

4.5 Die Seitenansicht

Vor jedem Ausdruck sollte die aktuelle Tabelle noch einmal in der Ansicht Seitenlayout kontrolliert werden. Nicht nur zum Überprüfen, sondern auch, weil dort das Dokument hervorragend formatiert werden kann.

➢ Auf der Karteikarte Ansicht statt Normal zu Seitenlayout umschalten.

Hier sehen Sie die Tabelle, wie diese gedruckt werden würde:

In der Umbruchvorschau werden mit gestrichelten Linien die Seitenränder angezeigt, Abbildung siehe nächste Seite. Zuerst ist der Bereich mit der Maus an den dicken blauen Linien zu erweitern, bis die gestrichelten Linien erscheinen und anzeigen, dass nun nicht mehr alles auf eine Seite passt.

Bei Anzeigen können z.B. die Gitternetzlinien abgeschaltet werden, diese werden ja auch nicht mitgedruckt und stören deshalb, um vor dem Druck noch fehlende Tabellenlinien zu entdecken.

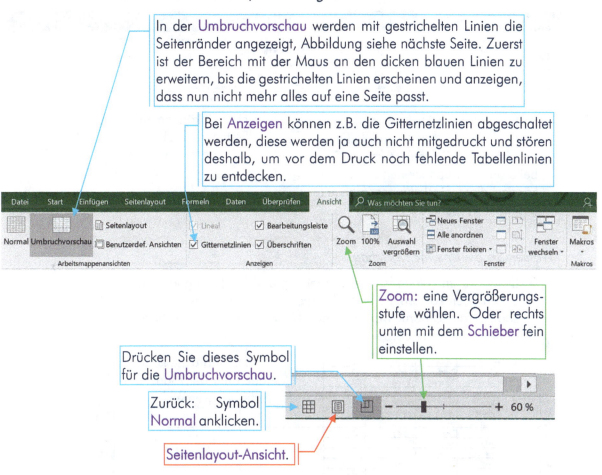

Zoom: eine Vergrößerungsstufe wählen. Oder rechts unten mit dem Schieber fein einstellen.

Drücken Sie dieses Symbol für die Umbruchvorschau.

Zurück: Symbol Normal anklicken.

Seitenlayout-Ansicht.

➢ Probieren Sie aus: Zoom mit dem Symbol und unten rechts mit dem Schieber, Ränder in der Umbruchvorschau mit der Maus verschieben, die Anzeige der Gitternetzlinien ausschalten.

♦ Bei der Umbruchvorschau können Sie festlegen, an welcher Position eine neue Seite beginnen soll, falls die Tabelle nicht auf ein Blatt passt.

    ✎ Vorhandene Seitenwechsel (dicke Linien) können mit der linken Maustaste verschoben werden,

    ✎ mit „rechte Maustaste/Seitenumbruch einfügen" kann ein Seitenwechsel an der aktuellen Cursorposition gesetzt werden.

Im Menü Ansicht können Sie die Ansichtsart wählen oder zu einer anderen Arbeitsmappe wechseln.

4.6 Seite einrichten

Das Menü, um die Seite einzurichten (Papierformat, Seitenränder …) finden Sie bei der Karteikarte Seitenlayout.

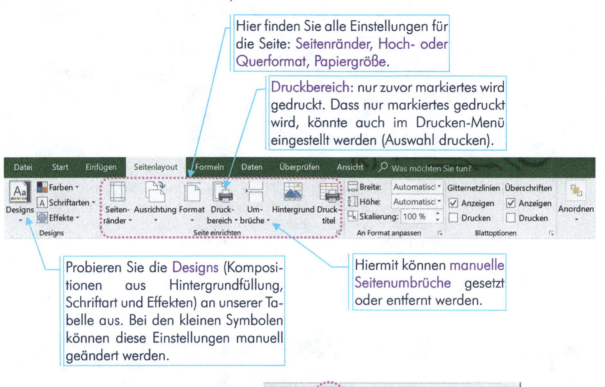

Hier finden Sie alle Einstellungen für die Seite: Seitenränder, Hoch- oder Querformat, Papiergröße.

Druckbereich: nur zuvor markiertes wird gedruckt. Dass nur markiertes gedruckt wird, könnte auch im Drucken-Menü eingestellt werden (Auswahl drucken).

Probieren Sie die Designs (Kompositionen aus Hintergrundfüllung, Schriftart und Effekten) an unserer Tabelle aus. Bei den kleinen Symbolen können diese Einstellungen manuell geändert werden.

Hiermit können manuelle Seitenumbrüche gesetzt oder entfernt werden.

Wählen Sie die Umbruchvorschau:

> Damit wir im Folgenden die Darstellung und Einstellungen für mehrere Seiten üben können, kopieren Sie die Adressliste und fügen diese noch sooft in der Umbruchvorschau ein, bis wir mehr als eine Seite Daten ohne lange Schreibarbeit haben.

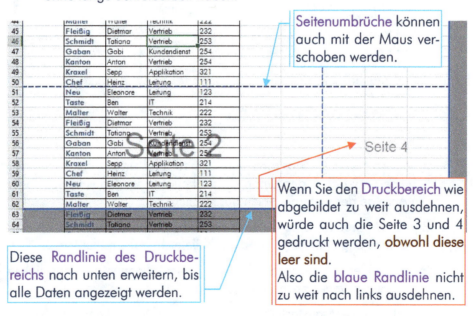

Seitenumbrüche können auch mit der Maus verschoben werden.

Wenn Sie den Druckbereich wie abgebildet zu weit ausdehnen, würde auch die Seite 3 und 4 gedruckt werden, **obwohl diese leer sind.**
Also die blaue Randlinie nicht zu weit nach links ausdehnen.

Diese Randlinie des Druckbereichs nach unten erweitern, bis alle Daten angezeigt werden.

> Verschieben Sie den Seitenumbruch so passend wie möglich und machen Sie einen Probeausdruck.

4.7 Kopf- und Fußzeile, Seite einrichten

Gehen Sie zur Karteikarte Seitenlayout:

Die Schaltfläche Drucktitel öffnet das gleiche Menü wie Seite einrichten:

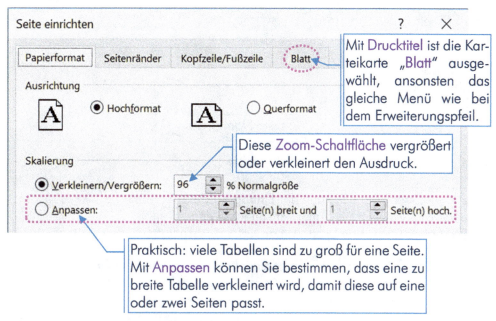

Weiteres zu dem Menü Seite einrichten = Drucktitel:

♦ Karteikarte Seitenränder: zuweilen nützlich ist hier die Möglichkeit, eine Tabelle für den Ausdruck horizontal oder vertikal zentrieren zu lassen.

♦ Karteikarte Kopf/Fußzeile: die Daten der Excel-Tabellen sind im Mittelteil untergebracht, darüber kann eine Kopfzeile, darunter eine Fußzeile eingerichtet werden, deren Inhalt auf jeder Seite wiederholt wird.

 ✎ Praktisch z.B. für den Namen der Tabelle, Seitenzahl, Datum usw.

 ✎ Die Größe der Kopf- oder Fußzeile kann bei der Karteikarte Seitenränder eingetragenen werden.

4.7.1 Kopf- und Fußzeile einrichten

Stellen wir die Kopfzeile gemäß unseren Wünschen ein, im obigen Menü zur Karteikarte „Kopfzeile/Fußzeile" wechseln. Dabei gibt es zwei Möglichkeiten:

♦ Die einfachere: aus der Abrollliste eine Voreinstellung wählen.

 ✎ Hier können Sie einen Eintrag, z.B. „Seite 1 von ?" oder den Tabellennamen auswählen, der dann zentriert angeordnet wird.

Sollen mehrere Einträge in einer Kopf- oder Fußzeile platziert werden, können Sie die Schaltfläche „benutzerdefinierte Kopfzeile" oder „benutzerdefinierte Fußzeile" wählen.

♦ Damit können **verschiedene Einträge** entweder links, zentriert oder im rechten Bereich der Kopf- oder Fußzeile angeordnet werden:

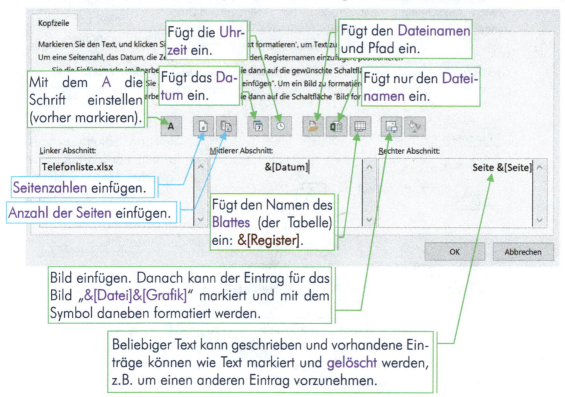

➢ Tragen Sie wie abgebildet links den Dateinamen ein und in der Mitte das Datum mit Ortsangabe: hierfür schreiben Sie z.B. **München, den**, dann dahinter Datum einfügen.

➢ Rechts noch die aktuelle Seitenzahl & Anzahl der Seiten, z.B.: Seite &[Seite] von &[Seiten] Seiten.

   ↳ Seite schreiben, dann dahinter das Symbol für **Seiten** drücken,

   ↳ dann von schreiben und das Symbol für **Anzahl der Seiten** einfügen, ergibt im Ausdruck z.B.: Seite 2 von 6 Seiten.

➢ Formatieren Sie alle Elemente mit 9 Punkten Schriftgröße.

Weiteres zur Ansicht und noch ein paar nützliche Shortcuts:

♦ Eine Kopf- oder Fußzeile können Sie auch direkt in der Ansicht Seitenlayout bearbeiten.

   ↳ [Strg]-a markiert die gesamte Tabelle,

   ↳ [Strg]-[Ende] und Sie sind am Ende der Tabelle,   Shortcuts

   ↳ [Strg]-[Pos 1] befördert Sie zum Anfang,

   ↳ [Strg]-[Umschalt]-[Ende] markiert von der aktuellen Cursorposition bis zum Ende des Blattes, -[Pos 1] bis zum Anfang.

4.8 Zur Tabelle umwandeln

Sie können diese Tabelle, bisher nur lose Daten für Excel, in eine echte Tabelle umwandeln, d.h. Excel weiß dann, dass z.B. die Zeilen zusammengehören und beim Sortieren zusammen sortiert werden oder dass Formatierungen für die gesamte Tabelle gehören müssen.

> Mit dieser Funktion ist normale Tabellenbearbeitung zur Verwaltung von Datensätzen (nicht zur Berechnung) im Excel möglich.

➤ Wählen Sie auf der Karteikarte Einfügen Tabelle.

➤ Meist erkennt Excel die Tabelle, beachten Sie den gestrichelten Auswahlrahmen, ansonsten mit gedrückter Maustaste die Tabelle markieren.

➤ Wir haben keine Überschriften, also „Tabelle hat Überschriften" nicht ankreuzen. Excel fügt dann Überschriften ein, die anschließend passend umbenannt werden sollten.

Anschließend haben Sie die Spaltenreiter, mit denen Sie die Tabelle sortieren oder bestimmte Filter zur Dateiauswahl anwenden können.

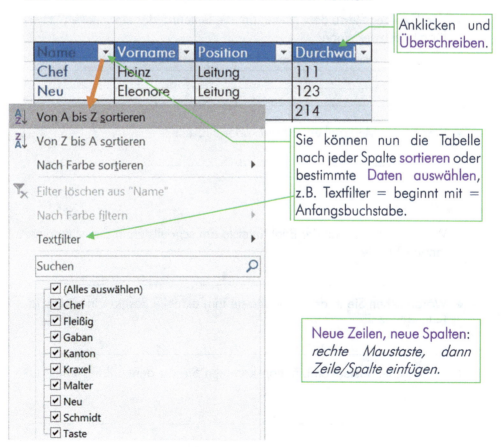

4.9 Zusammenfassung

Das war ein kleiner Exkurs zur Formatierung, von dem Sie folgendes mitgenommen haben sollten:

Allgemein:

♦ Bevor Sie die Schriftart ändern können, müssen Sie den Text zuerst

_____

♦ Bei einer Datenbank liegt das Schwergewicht auf dem Sammeln von

_____

♦ Bei einer Tabellenkalkulation auf der Durchführung von

_____

Sortieren und Kopieren:

♦ Wo finden Sie das Symbol zum Sortieren: _____

♦ Was ist beim Sortieren zu beachten? _____

♦ Welche drei Shortcuts für Ausschneiden, Kopieren, Einfügen gibt es, die in jedem Programm gelten? _____

♦ Malen Sie außerdem die Symbole für obige Befehle: _____

Einstellen und Formatieren:

♦ Wie kommen Sie zu dem Menü, um die Seitenränder einzustellen? Hierfür gibt es zwei Wege:

_____

_____

_____

♦ Was ist das Merkmal einer Kopf- oder Fußzeile?

_____

Die Bildlaufleiste:

♦ Wie kommen Sie mit der Bildlaufleiste am schnellsten in die Mitte einer langen Tabelle?

_____

♦ Woran sehen Sie in der Bildlaufleiste Ihre aktuelle Position in einem Tabellenblatt?

_____

♦ Mit welcher Tastenkombination kommen Sie an den Anfang einer Tabelle?

_____

Zweiter Teil

BERECHNUNGEN IM EXCEL

Formeln eingeben, Kopieren von Formeln: relative und absolute Formeln, Formeln wählen und ändern

5. Eine Summe berechnen

Jetzt kommen wir Schritt für Schritt zu den hauptsächlichen Anwendungen von Excel, verschiedenste Berechnungen durchzuführen.

- ♦ Das hilft z.B. bei:

  - ✎ Rechnungen,

  - ✎ Architekten können Wohnungsgrößen ermitteln,

  - ✎ allen Kalkulationen: Bausparvertrag, Leasing oder Kauf, Immobilien-finanzierung, statistische Auswertungen, Versuchsauswertungen,

  - ✎ Einnahmen und Ausgaben berechnen usw.

- ♦ Der große Vorteil liegt darin, dass die Berechnungen, sofern einmal ein-gerichtet,

  - ✎ automatisch durchgeführt und aktualisiert werden.

  - ✎ Dadurch kann mit unterschiedlichen Werten experimentiert werden, z.B. Anzahlung von 5.000, 8.000 oder 10.000 beim Autoleasing.

5.1 Übung vorbereiten

Damit Excel rechnet, wird eine Formel eingefügt.

- ➤ Beginnen Sie eine neue Arbeitsmappe und speichern Sie diese (in unse-rem Ordner!) unter dem Namen Gesamtverkäufe pro Region.

- ➤ Erstellen Sie folgende Tabelle:

GESAMTVERKÄUFE pro Region	
Region 1	34.555
Region 2	4.536
Region 3	34.345
Region 4	75.567
Region 5	104.223
Summe:	
Alle Werte in Euro	

In diese Zelle wird die Formel einge-fügt, um die Summe automatisch zu berechnen.
Sie könnten die Zelle anklicken, „=" schreiben und die Formel b2+b3+b4+b5+b6 eintragen.
„b2" für die zweite Zeile in der Spalte b.
Auf der nächsten Seite werden kom-fortablere Eingabemöglichkeiten vorgestellt.

5.2 Die Eingabemöglichkeiten

Es gibt zahlreiche Möglichkeiten, Formeln einzutragen.

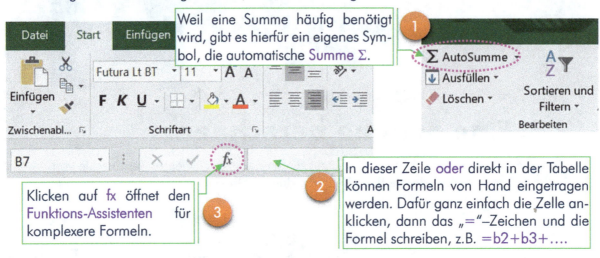

1 Weil eine Summe häufig benötigt wird, gibt es hierfür ein eigenes Symbol, die automatische Summe Σ.

2 In dieser Zeile oder direkt in der Tabelle können Formeln von Hand eingetragen werden. Dafür ganz einfach die Zelle anklicken, dann das „="-Zeichen und die Formel schreiben, z.B. =b2+b3+....

3 Klicken auf fx öffnet den Funktions-Assistenten für komplexere Formeln.

5.3 Die automatische Summe

Probieren Sie für die Summe folgende Varianten:

> ➤ Zuerst die Zelle anklicken, in der die Summe eingefügt werden soll.
> ➤ Drücken Sie das Symbol für die automatische Summe, dann Return.

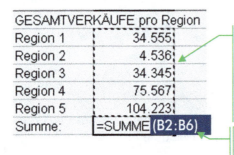

Excel sucht einen Bereich mit Zahlen in der Annahme, dass diese addiert werden sollen. Sollte diese Vorauswahl nicht stimmen, können mit gedrückter Maustaste andere Zellen gewählt werden.

Hier wird die Formel angezeigt. Mit Return bestätigen.

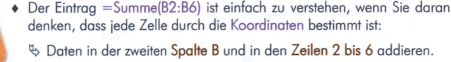

♦ Der Eintrag =Summe(B2:B6) ist einfach zu verstehen, wenn Sie daran denken, dass jede Zelle durch die Koordinaten bestimmt ist:

  ✎ Daten in der zweiten Spalte B und in den Zeilen 2 bis 6 addieren.

  ✎ Der Eintrag: =Summe(B2:B6) entspricht damit diesem längeren Eintrag: =B2+B3+B4+B5+B6. Durch die +-Zeichen wäre keine Formel „Summe" erforderlich.

Übung fertigstellen:

> ➤ Zum Abschluss die Formel mit Return bestätigen.
> ➤ Ändern Sie den Wert in Region 2 von 4.536 in 44.536 und beobachten Sie, wie die Summe nach Return automatisch aktualisiert wird.

5.4 Tabelle fertig stellen

Formatieren geht mit diesen Symbolen am schnellsten:

Rahmen — Schriftfarbe — Füllfarbe — Zum vollständigen Menü.

Vorgehen:

♦ Zeile markieren, dann bei

↳ einem Symbol, z.B. Füllfarbe, den Pfeil drücken (▾) und

↳ in dem Auswahlmenü eine andere Farbe wählen.

Mit dem Erweiterungspfeil oder mit rechte Maustaste/Zellen formatieren können Sie ein Dialogfenster mit allen Einstellmöglichkeiten aufrufen:

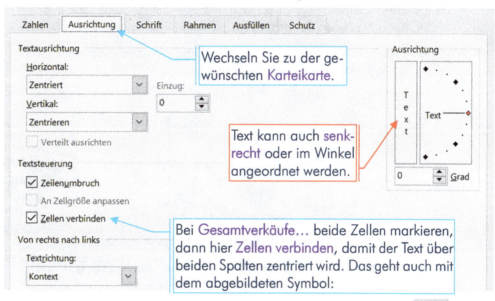

Wechseln Sie zu der gewünschten Karteikarte.

Text kann auch senkrecht oder im Winkel angeordnet werden.

Bei Gesamtverkäufe… beide Zellen markieren, dann hier Zellen verbinden, damit der Text über beiden Spalten zentriert wird. Das geht auch mit dem abgebildeten Symbol:

Als Vorschlag:

Übungen zu den Berechnungen
Tabelle 1   Stand: (Datum)

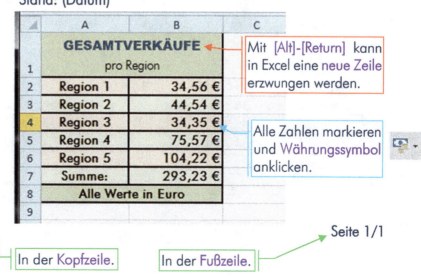

Mit [Alt]-[Return] kann in Excel eine neue Zeile erzwungen werden.

Alle Zahlen markieren und Währungssymbol anklicken.

Seite 1/1

In der Kopfzeile.   In der Fußzeile.

➢ **Formatieren** Sie die Tabelle: Schriftart, Position, Füllfarbe usw., bis es schön aussieht, und **Drucken** Sie die Tabelle nach Kontrolle in der Ansicht Seitenlayout und Umbruchvorschau.

5.5 Neuer Monat, neues Blatt, Umbenennen

Weil wir genügend Blätter haben, brauchen wir für den nächsten Monat weder diese Tabelle zu überschreiben noch eine neue Arbeitsmappe zu beginnen.

➢ Ergänzen Sie noch **drei weitere Tabellenblätter**: Symbol oder rechte Maustaste auf einem Tabellenreiter, dann einfügen.

> Tabelle1   Tabelle2   Tabelle3   **Tabelle4**   ⊕ | Neues Blatt einfügen.

➢ **Markieren** Sie mit gedrückter Maus alle Werte der Tabelle.

➢ **Kopieren** (Symbol) drücken,

➢ auf das zweite Tabellenblatt wechseln und dort die kopierte Tabelle **einfügen**, danach ebenso auf das dritte und vierte Blatt und auch einfügen.

➢ In den kopierten neuen Tabellen **andere Werte** einsetzen und die Tabellenblätter nach dem Monat umbenennen.

Damit es ganz perfekt wird, benennen wir die Blätter um:

Tabelle 1 wird zu Jan18,
Tabelle 2 zu Febr18,
usw.

Umbenennen

♦ Zum **Umbenennen** gibt es diese praktischen **Möglichkeiten**:

↳ **rechte Maustaste** auf dem Tabellenreiter, dann **umbenennen** oder

↳ den Tabellenreiter mit **Doppelklicken** öffnen, dann den Text **überschreiben** oder noch einmal klicken und korrigieren.

➢ **Benennen** Sie die Blätter wie dargestellt um.

	A	B	C	D
1	**GESAMTVERKÄUFE** pro Region			
2	**Region 1**	34.555		
3	**Region 2**	44.536		
4	**Region 3**	34.345		
5	**Region 4**	75.567		
6	**Region 5**	104.223		
7	**Summe:**	293.226		
8	**Alle Werte in Euro**			
9				

Auf einen Tabellenreiter die **rechte Maustaste** drücken und Sie können ein Blatt **umbenennen**, **löschen** oder ein neues einfügen.

> **Jan18**   Febr18   März18   April18   ⊕

6. Formel und Koordinaten

Die Quadratmeterzahl einer Wohnung soll ermittelt werden.

➢ Aller Anfang: neue Mappe beginnen und diese schon einmal als Wohnungsberechnung speichern.

➢ Erstellen Sie auf Blatt 1 folgende Tabelle:

> Beginnen Sie in Zelle B3. Sie müssen nicht links oben anfangen. Oft ist es sinnvoller, ein paar Zeilen frei zu lassen, damit später Überschriften ergänzt werden können.

> Nach dem Eintragen der Werte mit Doppelklicken zwischen den Spaltenreitern die Spaltenbreite automatisch anpassen lassen.

> Die Zellen der Überschrift verbinden, Formatierung folgt.

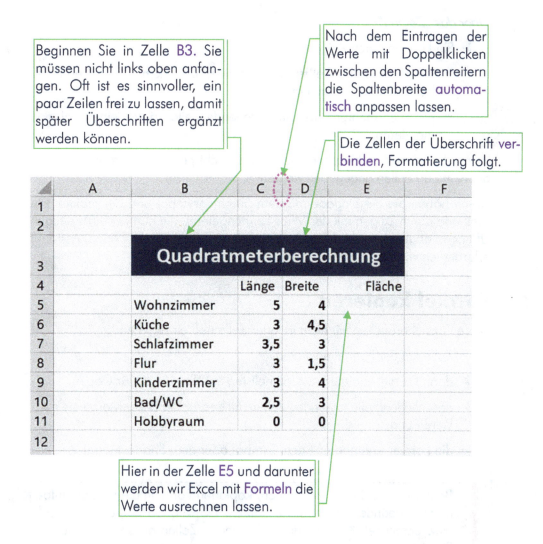

> Hier in der Zelle E5 und darunter werden wir Excel mit Formeln die Werte ausrechnen lassen.

Es gibt mehrere Möglichkeiten, die Formel einzutragen. Zunächst werden wir die Formel mit der leichtesten und praktischsten Methode, die für solche einfachen Berechnungen geeignet ist, angeben: durch Zeigen mit der Maus.

6.1 Schnelleingabe durch Zeigen

Die Formel wird nur einmal angegeben, dann mehrfach nach unten kopiert.

Formel mit Zeigen eintragen:

> ➤ Klicken Sie auf E5, damit diese Zelle markiert ist,

> ➤ dann „=" schreiben und mit der Maus die Zelle C5 mit dem Wert 5 anklicken,

> ➤ * (für multiplizieren) schreiben, dann

> ➤ den nächsten zu multiplizierenden Wert 4 in der Zelle D5 anklicken.

> ➤ Die Formel ist fertig und kann mit Return abgeschlossen werden.

**Schreibe „=" klick auf E5
schreibe „*" klick auf D5**

=E5*D5

Über das „Zeigen":

> ➤ Sie können durch Zeigen

>> ↳ sowohl einzelne Zellen nacheinander anklicken, um entfernt stehende Werte aufzunehmen,

>> ↳ als auch mehrere zusammenstehende Zellen durch einen Rahmen markieren.

Wenn der Excel-Vorschlag bei einer Formel nicht passt, können auf diese Art die richtigen Zellen angegeben werden.

Damit haben Sie die Eingabe mit dem Summensymbol und die praktischste Methode durch Zeigen mit der Maus kennengelernt, die nun noch bei einigen Übungen angewendet wird, bis für kompliziertere Formeln der Formel-Assistent erforderlich wird.

Zeigen

6.2 Formel kopieren

Diese Formel brauchen wir nicht in jeder Zelle neu einzugeben.

> ➤ Zelle mit der Formel anklicken,

> ➤ dann Formel kopieren: am schnellsten mit [Strg]-C (C für Copy),

> ➤ anschließend alle folgenden Zellen mit gedrückter linker Maustaste markieren und

> ➤ die Formel einfügen: mit dem Symbol oder dem Shortcut [Strg]-V.

[Strg]-C

[Strg]-V

> Beachten Sie, dass in den neuen, kopierten Formeln die Bezüge automatisch geändert wurden, z.B. statt C5*D5 wird C6*D6, dann C7*D7 usw. berechnet. Klicken Sie die folgenden Zellen an und überzeugen Sie sich davon.

Gerade haben wir die Formel relativ kopiert, weil Excel die zu multiplizierenden Werte relativ zur Position der Formel angepasst hat.

relativ

6.3 Mit Summe das Ergebnis einfügen

Wir brauchen eine Summe der Felder E5 bis E11.

➢ Das können Sie bereits mit dem Summensymbol:

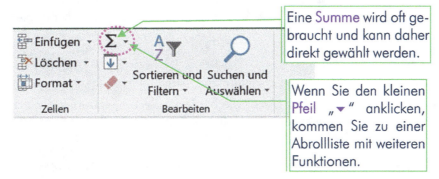

Eine Summe wird oft gebraucht und kann daher direkt gewählt werden.

Wenn Sie den kleinen Pfeil „▼" anklicken, kommen Sie zu einer Abrollliste mit weiteren Funktionen.

➢ Klicken Sie die errechnete Summe an und betrachten Sie oben in der Formelzeile die Formel, welche Excel automatisch eingesetzt hat.

♦ Der Ausdruck (E5:E11) steht folglich für die **Felder von E5 bis E11**. Daraus wird je nach Formel z.B.

↳ Summe(E5:E11) = E5+E6+…+E10+E11 oder

↳ Produkt(E5:E11) = E5*E6*…*E10*E11.

6.4 Absolute und relative Koordinaten

Das ist hier die richtige Stelle für einige theoretische Anmerkungen bezüglich der Excel-Sprache.

6.4.1 Relative Bezüge

Normalerweise, wie gerade durchgeführt, arbeiten wir mit relativen Koordinaten. Ein Beispiel:

	A	B	C
1	55	556	
2	234	334	
3	=A1+A2	=B1+B2	

Kopieren Sie diese Formel =A1+A2 in die nächste Spalte, so trägt Excel automatisch ein: =B1+B2. Damit können wir Formeln ohne Aufwand in andere Zellen kopieren.

Relative Bezüge bedeutet folglich: die Koordinaten werden relativ zur Position beim Verschieben oder Kopieren angepasst.

6.4.2 Absolute Bezüge

In Ausnahmefällen soll die Formel absolut unverändert kopiert werden, z.B. wenn wir ein Ergebnis an einer anderen Stelle weiterverwenden wollen.

Excel nimmt <u>keine</u> automatische Anpassung der Bezüge vor, wenn einer Koordinatenangabe ein $-Zeichen (Dollar) vorangestellt wird. Im obigen Beispiel würde die Formel lauten:

=$A$1+$A$2

- ♦ Beachten Sie, dass je ein $-Zeichen für Spalte und Zeile erforderlich ist. Dadurch ist es möglich, z.B. nur die Spalte absolut zu setzen, die Zeile jedoch weiterhin veränderbar (relativ) zu lassen oder umgekehrt: nur Spalte absolut $A1, nur Zeile absolut A$1.

Diese Formel „=$A$1+$A$2" können Sie in jede beliebige Zelle kopieren. **Es wird immer der bei A1 und A2 eingetragene Wert addiert**, selbst wenn Sie die Werte in diesen Zellen ändern. Somit können Sie hiermit dieses Ergebnis an anderen Stellen, sogar auf anderen Blättern, verwenden.

6.4.3 Formel absolut kopieren

Wenn Sie Formeln ohne diese automatische Aktualisierung kopieren wollen, gehen Sie so vor:

- ♦ Entweder Werten, die nicht geändert werden sollen (=die absolut sein sollen), ein $ voranstellen oder
- ♦ Zelle anklicken, Formel in der Bearbeitungszeile markieren und dort kopieren, dann jedoch mit [Esc] abbrechen, damit diese Zeile unverändert bleibt.

| E12 | ▾ | ⋮ | ✕ | ✓ | *fx* | =SUMME(E5:E11) |

- ✆ Jetzt haben Sie die Formel mit absolutem Bezug im Arbeitsspeicher und können diese in beliebig viele andere Zellen einfügen, aber nur auf dem aktuellen Blatt.
- ➢ Schreiben Sie unterhalb der Tabelle: „Die Wohnung hat insgesamt:", dies rechtsbündig, dann in der nächsten Zelle die Formel einfügen und in der folgenden Zelle noch „Quadratmeter".

6.4.4 Stellvertreter

Außerdem müssen Sie, etwa wenn eine lange Liste addiert werden soll, nicht alle Zellen angeben. Sie können (siehe voriges Beispiel) die zu addierenden Zellen mit der Maus markieren oder die Koordinaten direkt eintragen. Der Doppelpunkt gibt Bereiche an. Eine kleine Auswahl:

A5:C20   Der Bereich zwischen Spalte A, Zeile 5 und Spalte C, Zeile 20.

5:20   Alle Zellen zwischen Zeile 5 und Zeile 20.

B:B   Alle Zellen in Spalte B.

- ➢ Probieren Sie dies aus: setzen Sie in einer beliebigen Zelle die Formel Summe(D:D).

6.5 Die Überschrift gestalten

Zuerst zu der Überschrift. Diese soll zur Abwechslung invertiert werden (weiße Buchstaben auf dunklem Hintergrund):

Quadratmeterberechnung

> ➤ Wählen Sie mit den Symbolen Füllfarbe Dunkelblau und Schriftfarbe Gelb.

> ➤ Stellen Sie zusätzlich eine größere Schrift ein, ca. 16 Punkte, alle vier Spalten verbinden.

Zeilenhöhe und Spaltenbreite:

> ◆ Manuell: klicken Sie am linken Rand mit der rechten Maustaste auf eine Zeile, damit ist diese markiert und das Abrollmenü erscheint, in dem Sie bei Zeilenhöhe die Zeilenhöhe eintragen können, ebenso für eine Spalte, wenn eine Spalte oben bei den Spaltenreitern markiert wurde.

> ◆ Sie können an den Rändern der Spalten- und Zeilenreiter diese mit der Maus verbreitern oder durch Doppelklicken automatisch an den Inhalt anpassen lassen.

> ◆ Automatisch: bei Start finden Sie in der Abrollliste bei Format den Befehl Zeilenhöhe automatisch anpassen, ebenso für die Spaltenhöhe.

> ↳ Bei größerer Schrift wird automatisch eine größere Zeilenhöhe eingestellt. Sollte die Schrift einmal abgeschnitten sein, diese Funktion wählen oder die Zeilenhöhe vergrößern.

Befehle, um Zellen zu formatieren, finden Sie bei Start/Format:

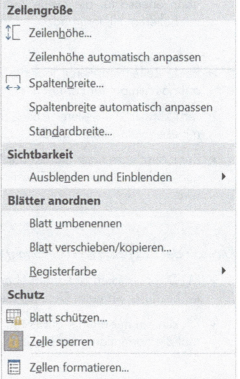

6.6 Format übertragen

Diesmal werden wir die restliche Tabelle auf eine andere, schnellere Art formatieren. Wir werden nicht jede Zeile neu einstellen, sondern nur eine und deren Einstellungen mit einem dafür vorgesehenen Befehl auf die anderen Zeilen übertragen.

Damit können wir viel schneller Tabellen einstellen, in denen die Zeilen zur besseren Übersicht zweifarbig ausgeführt sind.

So sollte es werden:

Quadratmeterberechnung			
	Länge	**Breite**	**Fläche**
Wohnzimmer	5	4	20
Küche	3	4,5	13,5
Schlafzimmer	3,5	3	10,5
Flur	3	1,5	4,5
Kinderzimmer	3	4	12
Bad/WC	2,5	3	7,5
Hobbyraum	0	0	0
		Gesamt:	68

Die Wohnung hat insgesamt: 68 Quadratmeter

> Einmal einstellen (geht auch mit den Zellenformatvorlagen), dann können die Einstellungen auch für jeweils zwei Zeilen mit Format übertragen übernommen werden.

➤ **Markieren** Sie bei Wohnzimmer die Zahlen 5, 4 und 20.

➤ Stellen Sie mit dem Füllsymbol oder den Zellenformatvorlagen die Hintergrundfarbe hellblau ein, dann ebenso für die zweite Zeile mit hellerem Hintergrund.

➤ Beide Zeilen markieren (nur die Zellen mit farbigem Hintergrund) und auf das Symbol für Format übertragen Doppelklicken:

➤ Jetzt können die weiteren Zeilen markiert und damit ebenso formatiert werden.

➤ Zum Abschluss noch einmal auf Format übertragen klicken, damit diese Funktion ausgeschaltet wird.

Klicken oder Doppelklicken bei Format übertragen?

♦ Mit Doppelklicken ist Format übertragen eingeschaltet und solange aktiv, bis durch erneutes Drücken diese Funktion ausgeschaltet wird.

♦ Klicken Sie nur einmal auf Format übertragen, können Sie ein einziges Mal die Formatierungen kopieren.

Übung fertig stellen:

> ➤ Gesamt rot hinterlegen und fett einstellen, die Zeilen- und Spaltentitel mit blauer Schrift versehen, fertig ist die Tabelle.

> ➤ In der Seitenansicht zentriert einstellen, Kopf- und Fußzeile anpassen und die ganze Berechnung drucken.

> Es ist möglich, zwei verschiedenfarbige Zeilen auf einmal den nächsten beiden Zeilen zu übertragen. Sehr praktisch für Tabellen.

6.7 Übung Raumberechnung

Um die Formeleingabe noch etwas zu üben, werden wir noch ein paar Summen berechnen.

> ◆ Excel trägt bei Formeln die links (wen oben leer) oder oberhalb stehenden Zahlen als Vorschlag ein.

> ◆ Sollen andere Werte in die Rechnung einbezogen werden, ist dies durch Anklicken mit der Maus (Zeigen) sehr einfach möglich.

Erstellen Sie folgende Übung:

	Quadratmeter		
	Haus 1	Haus 2	Haus 3
R1	55	90	33
R2	55	67	100
R3	90	40	33
R4	67		
Summe:	267	197	166
Gesamt:	630 (Haus 1 + Haus 2 + Haus 3)		

Formel mit Zeigen eintragen:

Zeigen

„="
klick 267
„+"
197
„+"
166
Return

> ➤ Die Zelle neben Gesamt anklicken,

> ➤ dann = schreiben und mit der Maus 267 anklicken,

> ➤ + schreiben,

> ➤ den nächsten zu addierenden Wert 197 anklicken,

> ➤ wieder + und 166 anklicken,

> ➤ die Formel ist fertig und kann mit Return abgeschlossen werden.

=267+197+166

Wenn der Excel-Vorschlag bei einer Formel nicht passt, können auf diese Art die richtigen Zellen angegeben werden.

7. Der Funktionsassistent

Jetzt werden wir uns den Funktionsassistenten anschauen, mit dem komplexere Formeln eingegeben werden können. Einfache Formeln durch Zeigen, schwierigere Formeln werden aus den Funktionsassistenten ausgewählt.

7.1 Lottozahlen mit dem Funktionsassistenten

Wollen Sie Lottozahlen errechnen lassen? Bei den ersten programmierbaren Taschenrechnern war dies eine Spielerei, die natürlich auch im Excel geht. Gut geeignet, um sich mit dem Funktionsassistenten vertraut zu machen.

> ➢ Beginnen Sie eine neue Mappe für die folgenden Übungen.

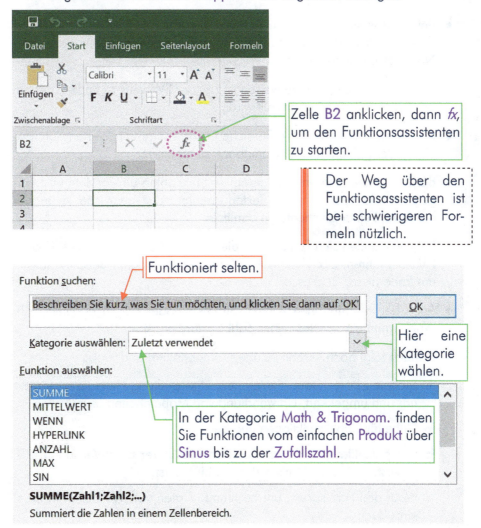

Zelle B2 anklicken, dann fx, um den Funktionsassistenten zu starten.

Der Weg über den Funktionsassistenten ist bei schwierigeren Formeln nützlich.

Funktioniert selten.

Funktion suchen:

Beschreiben Sie kurz, was Sie tun möchten, und klicken Sie dann auf 'OK'

OK

Kategorie auswählen: Zuletzt verwendet

Hier eine Kategorie wählen.

Funktion auswählen:

SUMME
MITTELWERT
WENN
HYPERLINK
ANZAHL
MAX
SIN

In der Kategorie Math & Trigonom. finden Sie Funktionen vom einfachen Produkt über Sinus bis zu der Zufallszahl.

SUMME(Zahl1;Zahl2;...)

Summiert die Zahlen in einem Zellenbereich.

7.1.1 Über die Kategorien

♦ Die zuletzt verwendeten Funktionen sind unter „Zuletzt verwendet" auf-geführt, anfangs ist dies eine Auswahl von Excel.

♦ Bei „Alle" sind alle verfügbaren Funktionen alphabetisch sortiert.

Außerdem sind alle vorhandenen Formeln in Kategorien einsortiert:

♦ Formeln zu Finanzen wie Kreditbe-rechnung, Rendite eines Wertpa-piers, Abschreibungsberechnungen bei Finanzmathematik.

♦ Datum & Zeit für Zeitberechnungen, etwa um Skonto zu einem Zahlter-min zu berechnen oder für Schicht-arbeitspläne.

♦ Bei Mathematisch & Trigonometrisch sind alle möglichen Formeln aus der Mathematik, von Sinus über Runden, Fakultät bis zur Wurzel oder Zufallszahl, zu finden.

♦ Bei Statistik sind Statistische Formeln wie die Häufigkeit eines Wertes, diverse Mittelwerte, die Standardabweichung, Steigung, Varianz oder Nominalverteilung zu finden.

♦ Bei Nachschlagen und Verweisen ist z.B. der SVerweis zu finden, der am Ende dieses Buches vorgestellt wird.

♦ Bei Datenbank können Sie Bereiche nach bestimmten Werten durchsu-chen oder Zahlen in einer Datenbank summieren.

♦ Bei Text können Sie unter anderem Text in Zahlen umwandeln und um-gekehrt oder Leerzeichen in Texten löschen oder identische Texte oder die Anzahl einer Zeichenfolge ermitteln.

♦ Bei Logik finden sich Funktionen, die zu einer Ausgabe von WAHR oder FALSCH führen, z.B. UND bzw. ODER-Verknüpfungen. Beispiele folgen am Ende dieses Buches.

♦ Auch bei Informationen können Sie Wahr oder Falsch ermitteln, z.B. Wahr, wenn ein Text statt einer Zahl vorhanden ist.

♦ Danach folgt noch Technik, Cube, Kompatibilität und Web.

   ↳ Technik z.B. für Gauß-Funktionen, Umwandlung Hexadezimal in Bi-när und umgekehrt, Umwandlung von Maßeinheiten usw.

   ↳ Cube für Cube-Funktionen und bei

   ↳ Kompatibilität sind diverse Funktionen früherer Excel-Versionen, z.B. Chitest, ersetzt bei Statistik durch ChiQU.test.

   ↳ Web: drei Funktionen, um bestimmte Daten von Webseiten in Excel einzulesen.

7.1.2 Die Hilfe

➢ Wählen Sie bei Math. & Trigonom. die Funktion Zufallszahl.

➢ Unten im Menü finden Sie bei jeder Funktion eine Kurzbeschreibung und einen Hyperlink zu ausführlicherer Hilfe:

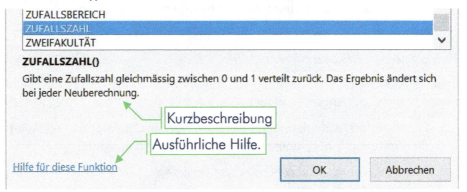

7.1.3 Formel ergänzen

Bei den Lottozahlen reicht die Funktion für die Zufallszahl allein nicht aus, da hiermit eine Zahl zwischen 0 und 1 ausgegeben wird, wir jedoch eine Zahl zwischen 1 und 49 brauchen.

➢ Wählen Sie aus der Kategorie „Math. & Trigonom." ganz unten die Zufallszahl, dann „Hilfe für diese Funktion" anklicken, danach OK.

➢ Fügen Sie die Zufallszahl mit OK ein und ergänzen Sie die Formel gemäß dem Hilfetext zu:

➢ Damit die Nachkommastellen verschwinden, das Dezimalstellen-Symbol mehrmals drücken.

Erläuterung zur Formel:

♦ die Zufallszahl zwischen 0 und 1, also z.B. 0,34, wird mit 49-1, also 48 (hatten wir auch 48 schreiben können) multipliziert, so dass daraus 0,34*48 = 16,32 +1 wird, durch das Runden nur noch 16, unser erstes Ergebnis.

↳ Maximal wäre 0,99... mal 48 = 47,99... +1 = 49 möglich. **Unser Ergebnis liegt somit immer zwischen 1 und 49.**

➢ Anschließend die Zelle markieren, kopieren und in die fünf folgenden Zellen einfügen, damit wir auf einen Schlag sechs Zufallszahlen erhalten.

Bei Einfügen wurde ein Textfeld eingefügt, Text eingetragen und an dem Drehpfeil gedreht. So stört der lange Text nicht die kurzen Datenwerte in den Zellen.

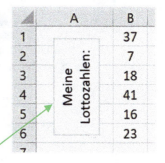

Neue Werte:

> ➢ Wenn Sie weitere Werte wünschen, einfach alle sechs Zellen markieren, kopieren und in andere Zellen einfügen.

> ➢ Oder eine leere Zelle anklicken und die [Entf]-Taste drücken, da bei jedem Löschen oder Einfügen alle Werte neu berechnet werden.

Werte sortieren und konservieren:

Da bei jedem Einfügen neue Werte errechnet werden, können die Zahlen nicht einfach kopiert und eingefügt werden.

- ◆ Durch einfaches Kopieren und Einfügen würden die Formeln mitkopiert, die Werte somit bei jedem neuen Einfügen geändert werden.

- ◆ Möglich wäre es, die Zahlen zu konservieren, indem diese mit Inhalte einfügen kopiert werden:

  ↳ Originalwerte kopieren, dann andere sechs Zellen markieren, rechte Maustaste darauf und aus dem Abrollmenü Werte Einfügen wählen, s. Abbildung unten.

  ↳ Danach die Kommastellen reduzieren.

7.1.4 Ergebnisse fixieren

Sie können über die konservierten Werte das Datum schreiben und somit z.B. die Lottozahlen für die folgenden Ziehungen ermitteln:

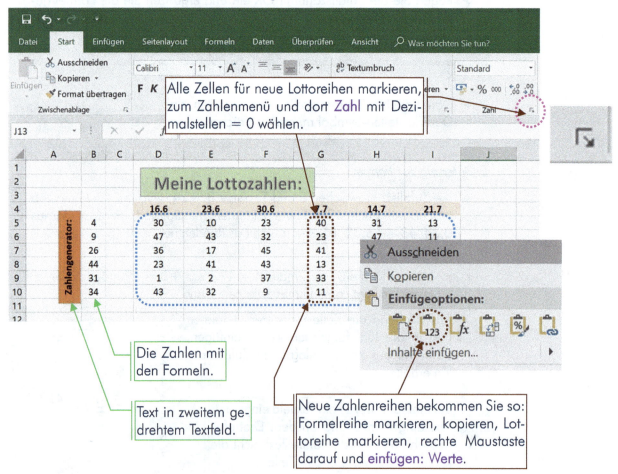

7.1.5 Die Smarttags

Bei einigen Aktionen, so beim Einfügen, erscheint ein kleines Symbol. Klicken Sie dieses an, so klappt eine Abrollliste mit den wichtigsten Aktionen auf, passend zu dem zuvor gewählten Befehl.

Damit ist es auch möglich, nur die Werte einzufügen, oder die Formatierung des Originals beizubehalten oder an die Zielzellen anzupassen.

➢ Kopieren Sie noch einmal die errechneten Lottozahlen, dann in einer weiteren Spalte ganz normal einfügen:

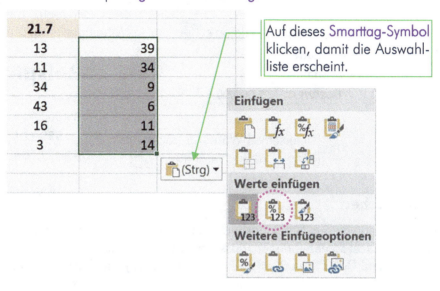

➢ Damit können Sie nur die Werte einfügen, haben noch die Formelzahlen im Arbeitsspeicher und könnten gleich weitere neue Lottozahlenreihen erzeugen.

➢ Abschließend mit Format übertragen die Formatierungen der Lottozahlen übernehmen, auch die reduzierten Nachkommastellen würden dabei angepasst.

Geht also noch praktischer mit diesen Smarttags.

7.2 Abschreibung

Sie wollen die Abschreibung für buchhalterische Zwecke oder den Wertverlust einer Investition ermitteln? Auch dafür gibt es Formeln. Zur Übung wollen wir den Wertverlust eines Kraftfahrzeuges ausrechnen.

Nehmen wir folgende Beispieldaten:

♦ Anschaffungspreis 35.000 €,

♦ Nutzungsdauer insgesamt von 15 Jahren,

♦ eine persönliche Nutzungsdauer von sechs Jahren mit einem Restwert nach diesen 6 Jahren von etwa 9.000 €.

Der reale Wertverlust ist anfangs besonders hoch und wird dann von Jahr zu Jahr geringer.

Dafür ist im Excel die Funktion DIA (arithmetisch-degressive Abschreibung) vorbereitet. Eine Abschreibung mit gleichbleibenden Raten für buchhalterische Zwecke kann mit der Funktion GDA2 (geometrisch-degressive Abschreibung) ermittelt werden.

Vorbereitung:

7.2.1 Funktion suchen

Wir wollen Ihnen in diesem Schulungsbuch nicht einige Beispiele präsentieren, sondern Ihnen Excel so nahebringen, dass Sie Ihre individuellen Aufgaben damit lösen können. Dafür ist in der Regel zuerst eine geeignete Funktion zu ermitteln.

Nehmen wir an, Sie kennen nicht den Namen der Funktion. Dann können Sie Excel eine geeignete Funktion suchen lassen.

> ➤ Leere Zelle unter der Tabelle anklicken, den Funktionsassistenten fx starten und oben bei Funktion suchen: „Abschreibung" eintragen.

> ➤ Anleitungen finden Sie bei „Finanzfunktionen".

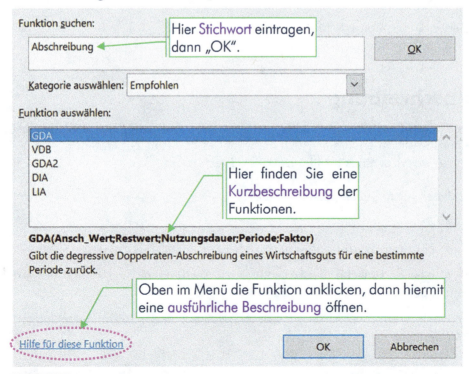

7.2.2 Formeleingabe durch Zeigen

➢ Klicken Sie die Zelle B13 an, damit wir Platz für spätere Überschriften erhalten, und wählen Sie die Funktion DIA (bei fx entweder suchen oder bei Finanzmathematik wählen), dann OK, um zur Werteeingabe wie abgebildet zu gelangen.

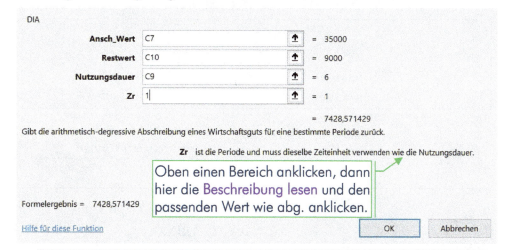

Excel trägt nicht den eigentlichen Wert im Funktionsmenü ein, sondern die Zelle. Das bietet den Vorteil, dass Sie die Werte jederzeit ändern können, das Formelergebnis wird aktualisiert.

7.2.3 Formel kopieren

Ein Wert für das erste Jahr ist damit ermittelt, weil bei Zr 1 für das erste Jahr eingegeben wurde, die Wertverluste für die folgenden Jahre fehlen noch.

Damit wir die Formel nicht fünf Mal neu setzen müssen, kopieren wir diese, wobei jedoch die Felder nicht verändert werden sollen, damit immer die gleichen Werte zur Berechnung herangezogen werden, nur das jeweilige Jahr soll verändert werden.

➢ Darum die Zelle mit der Formel anklicken und in der Funktionsleiste die Angaben durch ein vorangestelltes $-Zeichen absolut setzen. Da die Spalte C immer gleichbleibt, reicht es diesmal, nur die Zeilennummer absolut zu setzen:

$$=DIA(C\$7;C\$10;C\$9;1)$$

➢ „Jahr" in ein Textfeld setzten, dann die Jahre 1-6 schreiben:

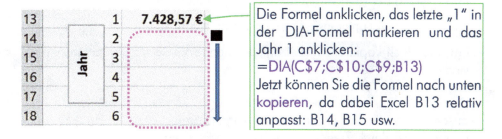

Kopieren: die Zelle mit 7.428,57 anklicken, z.B. [Strg]-c für kopieren, rot umrandete Zellen markieren und mit [Strg]-v einfügen oder einfach am kleine Kästchen nach unten ziehen, siehe obige Abbildung.

	A	B	C	D	E
1					
2					
3					
4		**PKW-Wertverlust**			
5					
6					
7		**Neupreis:**	35.000,00 €		
8		**Lebensdauer:**	15		
9		**Nutzungsdauer:**	6		
10		**Restwert:**	9.000,00 €		
11					
12			**Wertverlust:**	**Restwert:**	
13			1	7.428,57 €	27.571,43 €
14		Jahr	2	6.190,48 €	21.380,95 €
15			3	4.952,38 €	16.428,57 €
16			4	3.714,29 €	12.714,29 €
17			5	2.476,19 €	10.238,10 €
18			6	1.238,10 €	9.000,00 €
19					

Den Restwert errechnen wir zunächst manuell mittels Formeleingabe per Zeigen: =C7-C13
Ab der nächsten Zelle D14 dann D13-C14, wobei wir jetzt diese Formel nach unten kopieren können.

➢ Speichern Sie die Übung als „PKW-Wertverlust", diese wird später noch einmal gebraucht.

Die errechneten Werte entsprechen natürlich nicht exakt den tatsächlichen Werten, da hierbei Marktschwankungen und die Käufernachfrage berücksichtigt werden müssten, da z.B. nach manchen Fahrzeugen, etwa mit sparsamen Motoren oder bestimmten Farben, gebraucht eine höhere Nachfrage bestehen könnte als nach anderen Typen, bzw. in wirtschaftlich guten Zeiten könnten 3 Jahre alte gebrauchte gefragter sein als 6 Jahre alte.

7.2.4 Zum Abschluss

Anhand dieses Beispiels haben Sie die typischen Schritte beim Erstellen einer Berechnung mit dem Funktionsassistenten kennengelernt:

➢ Bekannte Werte notieren, passende Funktion im Hilfe-Menü suchen.

➢ Vorbereitung der Berechnung durch die Eingabe der Werte,

➢ Formel mit dem Funktionsassistenten einmal erstellen und

➢ ggf. mehrfach kopieren, wobei entsprechende Werte absolut zu setzen sind.

> Da wir +, -, *, / oder % per Tastatur eintragen können, ist der Funktionsassistent in der Praxis nur bei schwierigen Formeln sinnvoll. **Einfache Formeln sind durch Zeigen sehr schnell eingegeben.**

8. Rechnung, Kommentar, Datum

Nun folgen einige weitere Beispiele aus der Praxis, um die Möglichkeiten der Berechnungen aufzuzeigen. Zunächst eine Rechnung, in der die Mehrwertsteuer ausgewiesen werden soll.

➤ Beginnen Sie eine neue Mappe und speichern Sie diese gleich am Anfang als Rechnung in unseren Übungsordner.

8.1 Die Zahlenformate

➤ Füllen Sie die Rechnung folgendermaßen aus. **Beginnen Sie mit Rechnung im Feld B3:**

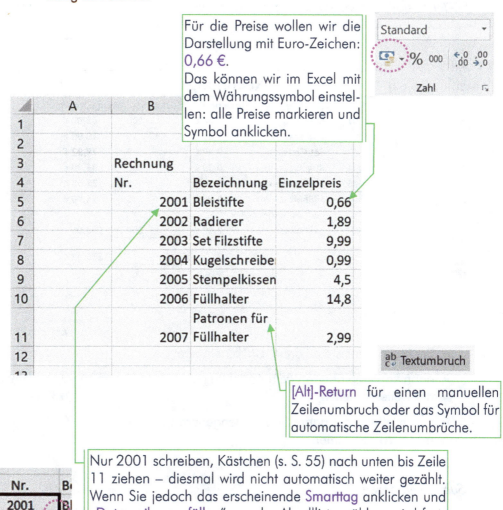

Für die Preise wollen wir die Darstellung mit Euro-Zeichen: 0,66 €.
Das können wir im Excel mit dem Währungssymbol einstellen: alle Preise markieren und Symbol anklicken.

	A	B		
1				
2				
3		Rechnung		
4		Nr.	Bezeichnung	Einzelpreis
5		2001	Bleistifte	0,66
6		2002	Radierer	1,89
7		2003	Set Filzstifte	9,99
8		2004	Kugelschreibe	0,99
9		2005	Stempelkissen	4,5
10		2006	Füllhalter	14,8
11		2007	Patronen für Füllhalter	2,99
12				

Standard

% 000

Zahl

ab
c↵ Textumbruch

[Alt]-Return für einen manuellen Zeilenumbruch oder das Symbol für automatische Zeilenumbrüche.

Nur 2001 schreiben, Kästchen (s. S. 55) nach unten bis Zeile 11 ziehen – diesmal wird nicht automatisch weiter gezählt. Wenn Sie jedoch das erscheinende Smarttag anklicken und „Datenreihe ausfüllen" aus der Abrollliste wählen, wird fortlaufend weiter gezählt.

Nr.	B
2001	Bl
	R

Wichtige Zahlenformate gibt es als Symbole:

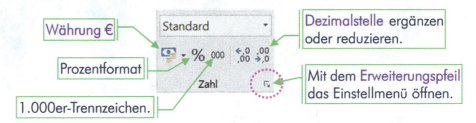

♦ Bei dem Währungsformat können Sie aus der Abrollliste Euro oder Dollar wählen, mit „Weitere…" geht es zu noch mehr Währungen.

✍ „Weitere Buchhaltungsformate" ruft das gleiche Menü wie der Erweiterungspfeil auf, nur das dabei der Punkt Buchhaltungsformate für Währungen schon ausgewählt ist.

Hinweis: hier wird nur das Währungssymbol ergänzt. Wie zwischen Währungen umgerechnet werden kann, finden Sie auf Seite 112 beschrieben.

Andere Währungssymbole oder Zahlenformate können auch mittels der rechten Maustaste/Zellen formatieren gewählt werden.

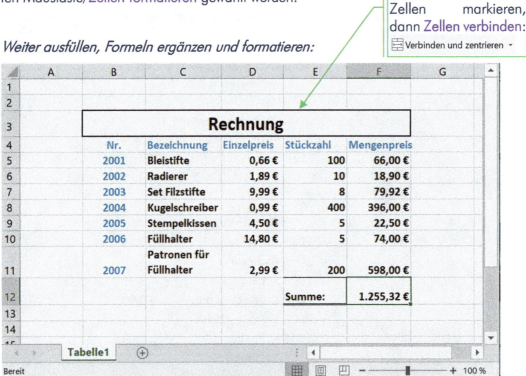

Weiter ausfüllen, Formeln ergänzen und formatieren:

➢ Bei Mengenpreis die Formel D5*E5 einfügen,

➢ dann kopieren oder an dem Kästchen nach unten ziehen zum Ausfüllen der weiteren Zeilen,

➢ abschließend die ganze Spalte Mengenpreis markieren und Zahlenformat Euro bestimmen.

Summe ergänzen:

➢ Die Zelle neben Summe markieren und Summensymbol anklicken.

Σ AutoSumme ▾

8.2 Die Mehrwertsteuer

Ergänzen wir den abschließenden Block mit der Mehrwertsteuer und dem Versandanteil. Die Summe haben wir gerade berechnet:

	A	B	C	D	E	F
1						
2						
3			**Rechnung**			
4		Nr.	Bezeichnung	Einzelpreis	Stückzahl	Mengenpreis
5		2001	Bleistifte	0,66 €	100	66,00 €
6		2002	Radierer	1,89 €	10	18,90 €
7		2003	Set Filzstifte	9,99 €	8	79,92 €
8		2004	Kugelschreiber	0,99 €	400	396,00 €
9		2005	Stempelkissen	4,50 €	5	22,50 €
10		2006	Füllhalter	14,80 €	5	74,00 €
11		2007	Patronen für Füllhalter	2,99 €	200	598,00 €
12					Summe:	1.255,32 €
13					zzgl. MwSt.	238,51 €
14					Versand:	10,00 €
15					Endbetrag:	1.503,83 €
16						

Einfach mit „zeigen": = schreiben, dann Summe, MwSt und Versandanteil anklicken, dazwischen + drücken oder das Summensymbol, dann den gewünschten Bereich angeben.

- ◆ Prozente können wir auf diese zwei Arten berechnen:

  - ↳ Entweder mit dem %-Zeichen. Dann so eintragen: =F12*19%

  - ↳ oder die komplette Berechnung: =F12/100*19.

> Beachten Sie, dass wir ein Gleichheitszeichen an den Anfang stellen, damit Excel die Zahlen als Formel erkennt. Ohne „=" zeigt Excel die Formel an, rechnet aber nicht.

- ➤ Tragen Sie eine der beiden Formeln für die Mehrwertsteuer ein.

- ➤ Versandanteil eintragen, dann den Endbetrag als Summe berechnen lassen:

  - ↳ die Zellen von Summe bis Endbetrag markieren und Summensymbol drücken oder manuell durch Zeigen

  - ↳ die Zelle neben Endbetrag mit Doppelklicken öffnen, dann = schreiben, Summe anklicken + schreiben MwSt. anklicken + schreiben und Versand anklicken und mit Return abschließen.

- ➤ Zeilen wie abgebildet formatieren.

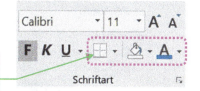

Rahmenlinien ergänzen, daneben Füll- und Textfarbe.

8.3 Ein Kommentar

Berechnungen können mit Kommentaren versehen werden. Das kann Ihnen helfen, zu einem späteren Zeitpunkt die Formeln zu verstehen, oder anderen, sich schneller in die Berechnung einzuarbeiten.

Außerdem können Sie damit zusätzliche Informationen festhalten, etwa die Höhe des Versandanteils.

➤ Das Feld mit 10,00 € Versandanteil anklicken und Überprüfen/Neuer Kommentar wählen.

    ↳ Diese Funktion lässt sich auch mit der rechten Maustaste/Kommentar einfügen starten.

Kommentar eintragen:

♦ Tragen Sie in dem erscheinenden Textfenster den obigen Text ein.

    ↳ Sie können den Rahmen an den Anfasserpunkten mit gedrückter Maus vergrößern oder verkleinern.

➤ Zum Abschluss eine andere Zelle anklicken. Der Kommentar wird mit der Excel-Tabelle gespeichert.

Kommentare werden durch kleine Dreiecke angedeutet:

♦ Wenn Sie nun die Maus langsam über das Feld mit dem Kommentar bewegen, wird der Kommentar eingeblendet.

Sie können übrigens auch Texte aus anderen Programmen in ein Excel-Kommentarfeld einfügen. Einfach den Text markieren, kopieren, zu Excel wechseln und den Cursor in den Kommentar setzen, dann Einfügen wählen.

1.255,32 €
238,51 €
10,00 €
1.503,83 €

8.3.1 Kommentare ändern

♦ Kommentare können Sie so ändern:

    ↳ rechte Maustaste irgendwo über der Zelle mit dem Kommentar, dann Kommentar bearbeiten:

    ↳ In diesem Abrollmenü können Sie auch einen Kommentar löschen.

💬	Kommentar bearbeiten
❌	Kommentar löschen
	Kommentare ein-/ausblenden
▦	Zellen formatieren...
	Dropdown-Auswahlliste...
	Namen definieren...
🌐	Link

Der Kommentar wird wieder geöffnet und Sie können:

- den Text korrigieren oder mit der

- [Entf]-Taste den Kommentar vollständig löschen, sofern der Kommentar-Rahmen markiert ist oder

- den ganzen Text markieren, Ausschneiden ([Strg]-X) und bei einer anderen Zelle mit Einfügen/Kommentar und [Strg]-V einfügen.

Mit letzterem haben Sie die Möglichkeit, einen Kommentar an eine andere Stelle zu verschieben.

- Mit der Schaltfläche „Alle Kommentare anzeigen" bei Überprüfen werden Kommentare immer angezeigt, egal ob ausgewählt.

8.4 Das aktuelle Datum einfügen

Ergänzen wir das Rechnungsdatum. Das ist auf mehreren Wegen möglich.

Unveränderbares Datum einfügen:

[Strg]-
[Umschalt]-
[;]

- das Datum hinschreiben: z.B. 16.06.22. Vorteil: dieser Wert bleibt unverändert erhalten.

  ↳ Das geht schneller mit der Tastaturabkürzung [Strg]-[;]

  ↳ Mit [Strg]-[:] wird die aktuelle Uhrzeit eingefügt.

> Hinweis: diese Tastenkombinationen wurden von Microsoft seit der 2016er Ausgabe gegenüber früheren Excel-Versionen geändert (früher Datum mit [Strg]-[.]) … ab der 2021er Version wieder [Strg]-[.]

Datum, das automatisch aktualisiert wird, einfügen:

- Formel-Editor öffnen (fx-Symbol)/Kategorie Datum & Zeit, dort Heute einfügen.

➢ Ergänzen Sie unterhalb des Betrages:

| Rechnungsdatum: | 16.06.2022 | ← | Mit [Strg]-[;] |

> Wenn Sie die Funktion »Heute« verwenden, wird das Datum automatisch aktualisiert. Bei Rechnungen Ausdruck aufheben, um das Rechnungsdatum festzuhalten, oder besser [Strg]-[;] verwenden.

8.4.1 Berechnungen mit Datum

Wir geben dem Kunden 2% Skonto, sofern innerhalb von 14 Tagen bezahlt wird. Und damit der Kunde den letzten Zahltermin nicht ausrechnen muss, werden wir dies Excel erledigen lassen.

Für das Datum und die Uhrzeit gibt es zahlreiche Formeln. Die einfachste Methode ist folgende:

Tragen Sie die Formeln wie abgebildet ein:

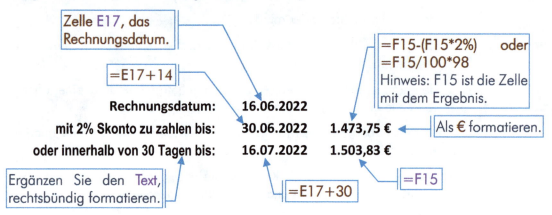

Zelle E17, das Rechnungsdatum.

=E17+14

=F15-(F15*2%)   oder
=F15/100*98
Hinweis: F15 ist die Zelle mit dem Ergebnis.

Rechnungsdatum:	**16.06.2022**	
mit 2% Skonto zu zahlen bis:	**30.06.2022**	**1.473,75 €**
oder innerhalb von 30 Tagen bis:	**16.07.2022**	**1.503,83 €**

Als € formatieren.

Ergänzen Sie den Text, rechtsbündig formatieren.

=E17+30

=F15

Wir verweisen auf die Datumszelle E17, anstatt eine Funktion wie „Heute" zu verwenden, damit das Datum später nicht aktualisiert und damit geändert werden würde. Mit „Heute" wäre die Formel =„Heute"+14.

♦ Berechnungen mit Datum gehen generell nur, wenn

↳ Datumswerte in Anführungszeichen stehen und wenn bei den

↳ Zellen ein Datumsformat eingestellt ist:

↳ rechte Maustaste über der Zelle, dann Zellen formatieren und auf der Karteikarte Zahlen ein Datumsformat wählen.

Die soweit fertig gestellte Rechnung:

	A	B	C	D	E	F
1						
2						
3			**Rechnung**			
4		Nr.	Bezeichnung	Einzelpreis	Stückzahl	Mengenpreis
5		2001	Bleistifte	0,66	100	66,00 €
6		2002	Radierer	1,89	10	18,90 €
7		2003	Set Filzstifte	9,99	8	79,92 €
8		2004	Kugelschreiber	0,99	400	396,00 €
9		2005	Stempelkissen	4,5	5	22,50 €
10		2006	Füllhalter	14,8	5	74,00 €
11		2007	Patronen für Fü	2,99	200	598,00 €
12					Summe:	1.255,32 €
13					zzgl. MwSt.	238,51 €
14					Versand:	10,00 €
15					Endbetrag:	1.503,83 €
16						
17				Rechnungsdatum:	16.06.2022	1.473,75 €
18				mit 2% Skonto zu zahlen bis:	30.06.2022	1.503,83 €
19				oder innerhalb von 30 Tagen bis:	16.07.2022	
20						
21						

8.5 Rechnung rationalisieren

Natürlich haben Sie öfter solche Rechnungen zu schreiben und wollen nicht jedes Mal die Bezeichnungen, Artikelnummern und Preise eintragen. Das wäre ein Anwendungsfall für MS Access oder ein anderes Datenbank- oder Buchhaltungsprogramm. Ein einfacher Notbehelf für Excel:

➢ Ergänzen Sie oben einige leere Zeilen, dann mit Einfügen/Text/Textfeld einen Textrahmen für die Adresse oben setzen.

➢ In dieses Textfeld dann die Kundenadresse eintragen.

➢ Auch einen Briefkopf könnten Sie oben mittels solch eines Textfeldes ergänzen.

➢ Die Füllung für den Rahmen ausschalten und ebenso die Linie, oder eine unauffällige Linie einstellen, z.B. eine gepunktete Linie.

➢ Kopieren Sie die Rechnung inklusive aller Artikel mit Nummern, Preisen und Formeln (also die ganze Zeile) auf ein neues Tabellenblatt.

➢ Wird später ein Artikel ergänzt, diesen ebenfalls auf dieses Tabellenblatt kopieren.

➢ Benennen Sie dieses Blatt um zu Artikel.

Dieses Blatt ist unsere Datensammlung. Bei einer neuen Rechnung so vorgehen:

➢ Diese komplette Rechnung auf ein anderes Blatt kopieren, damit alle formatierten Texte übernommen sind.

➢ Nicht bestellte Artikel löschen, Datum aktualisieren.

↳ Wenn die ganze Zeile auf diese Art markiert ist, rücken die folgenden Zeilen nach, so dass keine Lücke entsteht.

➢ Stückzahlen anpassen, fertig ist die neue Rechnung.

Gerne können Sie dies wie beschrieben als Übung ausprobieren:

➢ Wie beschrieben, alle Artikel auf ein neues Blatt kopieren, dort einen neuen Artikel Pausenbrot ergänzen, Blatt in Artikel umbenennen.

➢ Dann alle Artikel auf ein neues Blatt kopieren, nicht benötigte löschen, Stückzahlen anpassen, Adresse und Datum ändern.

↳ Es kann für jede neue Rechnung ein neues Blatt verwendet werden, damit die alten Rechnungen erhalten bleiben.

↳ Sobald zu viele Rechnungen vorhanden sind, z.B. nach einem Monat, die Mappe als Rechnungen-Jahr-Monat speichern und eine neue Mappe beginnen.

Natürlich könnten Sie die Berechnung auch kopieren und z.B. in eine Word-Vorlage für Ihre Rechnungen einfügen.

9. Eine Haushaltsplanung

Sie wollen Ihre Einnahmen und Ausgaben übersichtlich festhalten? Versuchen wir dies mit Excel.

> ➢ Neue Mappe, als Haushaltsplanung speichern.

> ➢ Beginnen wir mit den Einnahmen, Ihrem Gehalt, von dem leider einige Abzüge zu berechnen sind:

	A	B	C	D	E	Die Formeln:
			Gehaltsberechnung 2025			
Zeile:					**Januar**	
5		*Brutto*	**Brutto Gehalt:**		**3.000,00 €**	= Zelle E5
6			Sonstige Einnahmen:			
7		*Steuern*	Einkommenssteuer*:	24%	720,00 €	=E5*D7
8			Kirchensteuer:	3%	90,00 €	=E5*D8
9			Summe Steuern:		810,00 €	=E7+E8
10						
11		*Versicherungen*	Kranken- & Pflegeversicherung**:	20.7%	621,00 €	=E5*D11
12			Rentenversicherung:	18.6%	558,00 €	=E5*D12
13			Arbeitslosenversicherung:	2.6%	78,00 €	=E5*D13
14			Summe Versicherungen:		1.257,00 €	=E11+E12+E13
15			Ihr Anteil: (1/2 Arbeitgeberanteil)	0,5	628,50 €	=E14/2
16						
17		*Netto*	Summe:		1.561,50 €	=E5+E6-E9-E15

* Steuersatz variabel je nach Höhe des Einkommens
**2025: Krankenv. 14.6% + Zusatzbeitrag 2.5% + 3.6% Pflegeversicherung

> ➢ Da sich die Steuersätze ständig ändern, tragen wir deren Werte mit dem %-Zeichen in einer eigenen Spalte ein. So können die Sätze jederzeit geändert werden, ohne die Formeln ändern zu müssen.

> ✎ Wenn Sie % mit zum Wert schreiben, reicht der Verweis zur Zelle.

> *Diese Berechnung ist nur beispielhaft.* Um daraus eine konkrete Anwendung zu machen, müssten Sie Ihren Steuersatz eintragen und mögliche Freibeträge sowie andere Abzüge.

9.1 Automatisch Ausfüllen mit Reihe

Die nächsten Monate brauchen wir nicht einzeln in die folgenden Spalten einzutragen. Das übernimmt Excel für uns mit der Funktion Ausfüllen.

Reihe mit der Maus:

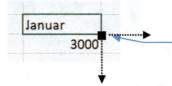

Bei angeklickten Zellen erscheint rechts unten eine Markierung. Die können Sie mit der Maus anfassen und nach unten oder rechts ziehen, wobei Excel Zahlen oder Wörter kopiert und z.B. bei Datums- oder Währungszahlen automatisch weiterzählt.

➤ Klicken Sie die Zelle Januar an und ziehen Sie das Kästchen nach rechts bis „Dezember".

Das Dialogfenster Reihe:

Diese Funktion mit der Maus geht für Standardfälle wie das Datum oder eine fortlaufende Zeilennummer. Gezielt einstellen lässt sich dies in dem Dialogfenster, welches wir uns deshalb schon einmal anschauen.

Wenn Sie das Menü verwenden, sind vorher die Zellen, die ausgefüllt werden sollen inklusive der Zelle mit dem ersten Wert, zu markieren:

➤ Drücken Sie Rückgängig, dann ungefähr genauso viele Zellen von Januar an nach rechts markieren (vorher Spaltenbuchstaben merken).

➤ Dann bei Start ganz rechts Ausfüllen/Datenreihe wählen.

✎ Unten, rechts usw. würde den gleichen Wert wiederholen, wie mit dem Typ Linear im folgenden Menü.

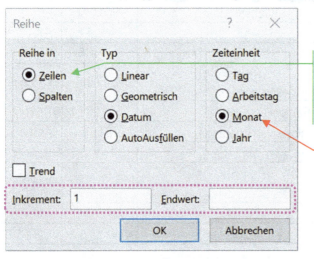

Je nachdem, **ob Zeilen oder Spalten markiert wurden**, ist bereits die richtige Option ausgewählt.

Bei AutoAusfüllen erkennt Excel nicht immer die passende Option, hier Datum + Monat.
Aktuell funktioniert Datum nur bei ganzen Datumsangaben, z.B. 01.01.2025, dann einfach wie oben beschrieben per Maus.

Zu dem Inkrement:

♦ 1 (genauer +1) heißt: weiter zählen: **Januar, Februar ... oder 1996, 1997... oder 22 €, 23 €...**

♦ 0 würde mit dem unveränderten Anfangswert ausfüllen,

♦ -1 zählt in die andere Richtung: Januar, Dezember, November... oder 1996, 1995, 1994...

♦ 2 zählt in 2'er-Schritten: **Januar, März, Mai... oder 1996, 1998...;** dementsprechend können Sie mit 10 in Zehner-Abständen weiter zählen oder andere beliebige Werte eintragen, z.B. 0,1.

9.2 Nach rechts automatisch ausfüllen

Wir machen weiter. Das Gehalt ist in jedem Monat gleich, ebenso sollen die Formeln in alle weiteren Monatsspalten kopiert werden.

Auch hierbei lassen wir uns von der Ausfüllen-Funktion die Arbeit abnehmen.

> ➢ Da die Prozentangaben in der Spalte D beim Ausfüllen gleichbleiben sollen, vor das D ein $-Zeichen setzen, z.B. =E5*$D7. Die Summen können unverändert bleiben.

> ➢ Jetzt alle Zellen bis auf den Monat in der Januar-Spalte markieren.

> ➢ Da diesmal die gleichen Werte eingesetzt werden sollen, reicht es, vom Kästchen aus nach rechts zu ziehen.

Januar

| 3.000,00 € |

> ✎ Hoppla – doch nicht? Bei dem Brutto-Gehalt hatte Excel weiter gezählt. Dieses einfach noch einmal separat nach rechts ziehen.

> ➢ Abschließend gelegentlich sonstige Einnahmen ergänzen und die Gehaltswerte manchmal etwas ändern, z.B. weil durch Überstunden in einigen Monaten mehr verdient wurde oder ein Weihnachtszuschlag hinzukam:

	A	B	C	D	E	F	G	H
1								
2								
3			Gehaltsberechnung 2025					
4					Januar	Februar	März	April
5		Brutto	Brutto Gehalt:		3,000.00 €	3,000.00 €	3,300.00 €	3,100.00 €
6			Sonstige Einnahmen:			90.00 €	100.00 €	
7		Steuern	Einkommensteuer:	24%	720.00 €	720.00 €	792.00 €	744.00 €
8			Kirchensteuer:	3%	90.00 €	90.00 €	99.00 €	93.00 €
9			Summe Steuern:		810.00 €	810.00 €	891.00 €	837.00 €
10								
11		Versicherungen	Kranken- & Pflegeversicherung	20.7%	621.00 €	621.00 €	683.10 €	641.70 €
12			Rentenversicherung:	18.6%	558.00 €	558.00 €	613.80 €	576.60 €
13			Arbeitslosenversicherung:	2.6%	78.00 €	78.00 €	85.80 €	80.60 €
14			Summe Versicherungen:		1,257.00 €	1,257.00 €	1,382.70 €	1,298.90 €
15			(1/2 Arbeitgeberanteil) Ihr Anteil:		628.50 €	628.50 €	691.35 €	649.45 €
16								
17		Netto			1,561.50 €	1,651.50 €	1,817.65 €	1,613.55 €
18								

9.3 Mit Kommentaren dokumentieren

Wir ergänzen einige sonstige Einnahmen, gedacht für alle außerplanmäßigen Geldquellen:

> ➤ Tragen Sie bei sonstigen Einnahmen im Februar 90 und im März 100 ein, dann als Währung € formatieren.

		Januar	Februar	März
Brutto Gehalt:		3,000.00 €	3,000.00 €	3,300.00 €
Sonstige Einnahmen:			90.00 €	100.00 €

> ➤ Registrieren Sie, wie sich die berechneten Einnahmen automatisch ändern.

Für solche seltenen Ereignisse kann nicht jedes Mal eine neue Zeile eingefügt werden. Damit wir trotzdem erkennen können, worum es sich jeweils handelt, dokumentieren wir dies mit einem Kommentar:

> ➤ Zelle 90,00 € anklicken, dann mit rechte Maustaste/Kommentar einfügen (Kap. 8.3) folgenden Text hinzufügen: „Flohmarkt am 14.02.25".

> ➤ Bei 100,00 € z.B. folgenden Kommentar ergänzen: „von Oma zum Geburtstag".

Beachten Sie:

- ♦ ob ein Kommentar vorhanden ist, wird durch ein kleines ⌐ in der Zelle oben rechts angezeigt.

- ♦ Der Kommentar selbst wird eingeblendet, sobald Sie die Maus über diese Zelle bewegen.

- ♦ Rechte Maustaste über der Zelle mit dem Kommentar und Sie können vorhandene Kommentare bearbeiten.

  - ↳ Auch die Größe des Kommentarfensters kann dann mit der Maus an den Anfasserpunkten angepasst werden.

So könnte das Konzept aussehen:

- ♦ Mit Kommentaren können Sie sofort erkennen, worum es sich handelt.

- ♦ Für öfter vorkommende Posten können neue Zeilen ergänzt oder deren Berechnung auf separaten Blättern durchgeführt werden.

9.4 Übersicht ergänzen

Ergänzen Sie ganz rechts eine Übersicht für das gesamte Jahr:

November	Dezember	Summe:	Übersicht:
3,000.00 €	3,000.00 €	36,400.00 €	Summe Gehalt
		190.00 €	Summe sonstige E.
720.00 €	720.00 €	8,736.00 €	
90.00 €	90.00 €	1,092.00 €	
810.00 €	810.00 €	9,828.00 €	Summe Steuern
621.00 €	621.00 €	7,534.80 €	
558.00 €	558.00 €	6,770.40 €	
78.00 €	78.00 €	946.40 €	
1,257.00 €	1,257.00 €	15,251.60 €	Summe Versicherungen
628.50 €	628.50 €	7,625.80 €	1/2 Versicherungen
1,561.50 €	1,561.50 €	19,136.20 €	Summe Netto

Die Formeln sind sehr einfach:

➢ Bei der ersten Summe einfach das Summensymbol drücken. Diese Summe in die folgenden Zellen kopieren, dabei darauf achten, dass nicht die Spalte mit den Prozentangaben mitgezählt wird.

➢ Bei Übersicht nur bei den jeweiligen Gesamtsummen den passenden Texteintrag ergänzen.

Falls Sie diese Auswertung über mehrere Jahre vornehmen, könnten Sie die Jahresübersichten auf ein separates Tabellenblatt kopieren. Vor dem Kopieren sollten natürlich noch die Jahreszahlen in den Überschriften ergänzt werden.

➢ Erstellen Sie eine Jahresübersicht. Neues Tabellenblatt einfügen, dort zuerst als erste Spalte die Spalte Übersicht kopieren, bei der Spalte Summe die Jahreszahl ergänzen und dann diese daneben kopieren.

➢ Die berechneten Werte werden nicht kopiert, diese wieder löschen und durch Zeigen angeben: auf dem neuen Blatt z.B. Gehaltszelle anklicken, = schreiben, dann mit der Maus auf dem Einnahmen-Tabellenblatt den Wert anklicken und mit Return bestätigen.

Später könnten diese Werte verwendet werden, um die Gehalts- und Abgabenentwicklung z.B. als Diagramm darzustellen und auszuwerten. Natürlich sollten auch die Ausgaben nicht fehlen.

9.5 Die Ausgaben

Bei den Ausgaben empfiehlt es sich wieder, mehrere kleinere, dafür überschaubare Bereiche einzurichten, z.B. für Wohnungsfinanzierung oder für regelmäßige Ausgaben zum Lebensunterhalt, die durch Zwischensummen abgeschlossen werden. Dadurch sind Fehler leichter erkennbar.

➢ Erstellen und formatieren Sie folgende Tabelle:

Ausgaben 2018			Januar	Februar
Wohnen		Miete		
		Nebenkosten		
		Strom		
		Summe Wohnen:		
Haushalt		Essen		
		Getränke		
		Kleidung		
		Putzmittel		
		Haushaltsgeräte		
		Summe Haushalt:		
Versicherungen		Privathaftpflicht		
		Lebensversicherung		
		Hausratversicherung		
		Summe Versicherungen:		
Auto		Versicherung		
		Kfz-Steuer		
		Wartung		
		Benzin		
		Summe Auto:		
Anschaffungen		HiFi	1.299,00 €	
		Video		
		Werkzeug		
		Sonstiges		
		Summe Anschaffungen:		
Endbetrag:				

Zwischensummen helfen, überlange Formeln zu vermeiden und liefern überschaubare, leicht zu kontrollierende Zwischenergebnisse.

Kommentar: HiFi-Mini-Anlage, gekauft bei HiFi-Markt.

➢ Tragen Sie Werte und bei den Zwischensummen die passenden Formeln ein, so dass bei Endbetrag nur noch die Zwischensummen addiert werden müssen (durch Zeigen angeben).

➢ Benennen Sie die Blätter passend um zu Einnahmen und Ausgaben.

➢ Ergänzen Sie die Summe auf der Jahresübersicht, dann noch dort die Einnahmen- minus Ausgabensumme berechnen.

Dritter Teil

MIT ZINSEN RECHNEN

Zinsen bei Geldanlagen und Krediten mit den Formeln exakt und einfach berechnen

10. Kredit berechnen

Zunächst werden wir die Rückzahlung für den Kredit selbst ausrechnen, um das Prinzip der Rechnung darzustellen. Am Ende werden wir die Funktion RMS verwenden, die Excel für regelmäßige Zahlungen bereithält.

➢ Beginnen Sie eine neue Mappe und

➢ tragen Sie folgende Werte ein:

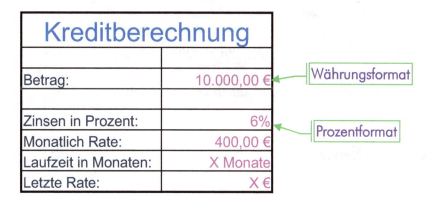

Kreditberechnung

Betrag:	10.000,00 €	← Währungsformat
Zinsen in Prozent:	6%	← Prozentformat
Monatlich Rate:	400,00 €
Laufzeit in Monaten:	X Monate
Letzte Rate:	X €

10.1 Das Prinzip der Rechnung

Wir werden – eine gute Übung für das automatische Ausfüllen – zunächst selbst die zu zahlenden Raten berechnen.

♦ Fest steht:

  ↳ der gewünschte Kreditbetrag von 10.000,- €,

  ↳ der Zinssatz von 6% und

  ↳ die gewünschte Rückzahlungsrate von 400,- € monatlich.

♦ Aus diesen Werten soll die Laufzeit ermittelt werden,

  ↳ wobei jeden Monat die Schuld etwas geringer wird,

  ↳ die zu zahlenden Zinsen damit auch,

  ↳ so dass der Rückzahlungsanteil ständig zunimmt.

10.2 Die Berechnung

Ergänzen Sie auf einem zweiten Blatt:

Der Schuldbetrag, welcher durch die Rückzahlung Monat für Monat reduziert wird. „=" schreiben und den Wert vom ersten Blatt anklicken.

Der Zinsbetrag reduziert sich jeden Monat, da die Schuld abnimmt. Also Formel Restschuld*6%/12 eintragen. Weil wir mit Monaten rechnen, sind die 6 Prozent jährlichen Zinsen durch zwölf Monate zu teilen.

Monat:	Restschuld:	Rate:	davon Zins:	Rückzahlung:
Juli 18	10.000,00 €	400,00 €	50,00 €	350,00 €

Der jeweilige Anfangsmonat.

Die Rate ist als fest vorgegebener Wert jeden Monat gleich.

Kleiner werdende Restschuld, somit weniger Zinsen, daher wächst der Anteil der Rückzahlung ständig. Folgende Formel eintragen: Rate-Zins.

Alle Formeln am einfachsten nach „=" durch Zeigen angeben.

10.3 Die zweite Zeile

ist äußerst wichtig:

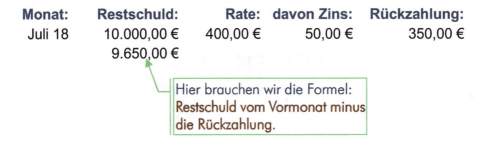

Monat:	Restschuld:	Rate:	davon Zins:	Rückzahlung:
Juli 18	10.000,00 €	400,00 €	50,00 €	350,00 €
	9.650,00 €			

Hier brauchen wir die Formel: Restschuld vom Vormonat minus die Rückzahlung.

Auch hier bewährt sich die Eingabe durch Zeigen:

- ♦ Zelle für die neue Restschuld (9.650) durch Doppelklicken öffnen, „=" schreiben, dann Restschuld 10.000 € anklicken, minus schreiben und die Rückzahlung anklicken.

  - ✎ Dadurch werden anstelle der Werte die Koordinaten eingetragen, so dass wir die Formeln relativ kopieren können.

Beim Kopieren soll der Monat weitergezählt, die Rate allerdings jeden Monat gleichbleiben und die Restschuld gemäß der Formel relativ berechnet werden. Darum werden wir die Zellen einzeln nach unten erweitern, damit die jeweils passende Option gewählt werden kann.

10.4 Ausfüllen

Wir wollen die restlichen Zeilen möglichst automatisch ergänzen. Jetzt ist zu bedenken, dass alle Spalten relativ weitergeführt werden sollen, nur der Wert bei Rate bleibt unverändert.

> ➢ Wurde der Wert durch Zeigen von der ersten Seite angegeben, ist die Zelle mit $-Zeichen absolut zu setzen „=Tabelle1!$C$9", dann diese Formel kopieren, unten stehenden Zellen markieren und einfügen.
>
>> ✎ Dadurch könnten wir auf Blatt 1 die Rate jederzeit ändern und hätten in allen Zellen automatisch den neuen Wert.

Die restlichen Spalten:

Bei Restschuld sind wir durch die Formel eine Zeile tiefer.

> ➢ Monat und Restschuld einzeln nach unten ziehen, dann Zins und Rückzahlung zusammen.

Jetzt werden die Zeilen wie gewünscht ausgefüllt:

Monat:	Restschuld:	Rate:	davon Zins:	Rückzahlung:
Jul 18	10.000,00 €	400,00 €	50,00 €	350,00 €
Aug 18	9.650,00 €	400,00 €	48,25 €	351,75 €
Sep 18	9.298,25 €	400,00 €	46,49 €	353,51 €
Okt 18	8.944,74 €	400,00 €	44,72 €	355,28 €
Nov 18	8.589,46 €	400,00 €	42,95 €	357,05 €
Dez 18	8.232,41 €	400,00 €	41,16 €	358,84 €
Jan 19	7.873,57 €	400,00 €	39,37 €	360,63 €
Feb 19	7.512,94 €	400,00 €	37,56 €	362,44 €
Mrz 19	7.150,51 €	400,00 €	35,75 €	364,25 €

Ergänzen Sie weitere Zeilen, bis ein negativer Restschuldbetrag erscheint:

> ➢ Jetzt können wir alle Spalten außer der Rate auf einmal nach unten erweitern.

Der Schuldbetrag wird immer geringer, der Anteil der Rückzahlung darum von Monat zu Monat größer, das Ende ist bei Umkehrung zu negativen Schuldwerten erreicht. Im letzten Monat ist nicht mehr die volle Rate zu entrichten.

Monat:	Restschuld:	Rate:	davon Zins:	Rückzahlung:
Jul 20	1.098,82 €	400,00 €	5,49 €	394,51 €
Aug 20	704,31 €	400,00 €	3,52 €	396,48 €
Sep 20	307,83 €	400,00 €	1,54 €	398,46 €
Okt 20	- 90,63 €	400,00 €	- 0,45 €	400,45 €

In diesem Monat wandelt sich die Schuld zu einem Guthaben, daher ergibt sich durch manuelle Rechnung als letzte Rate im September 2020:
307,83 € (Restschuld) + 1,54 € (Zinsen) = 309,37 €.
Damit wäre der gesamte Kredit inklusive Zinsen getilgt. Korrigieren Sie die letzte Rückzahlung auf diesen Wert (Formel eintragen).

10.5 Zeilen zählen

Letzte Frage: wie viele Monate wurden nun zurückgezahlt?

➤ Zuerst die Monate mit negativer Rückzahlung löschen.

In diesem einfachen Fall könnten Sie die letzte Zeile anklicken, links die Zeilennummer ablesen und davon die Titelzeilen abziehen, ergibt 27 Zeilen, also 27 Monate Rückzahlung. Oder die Monate markieren und unten in der Statusleiste deren Anzahl ablesen.

Natürlich gibt es hierfür eine Formel, die manchmal recht praktisch ist:

➤ Nächste Zeile nach Sep20 anklicken und auf das Symbol fx klicken. f_x

    ↳ Wählen Sie die Formel Anzahl aus. Diese finden Sie evtl. bei „zuletzt verwendet", sonst bei „Alle" oder in der Gruppe „Statistik".

➤ Nach OK alle Zellen mit gedrückter Maustaste markieren, die gezählt werden sollen, sobald Sie bei dem folgenden Fenster sind.

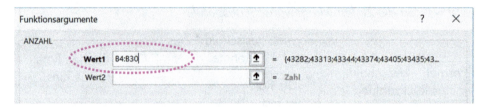

➤ Abschließend ist für das Ergebnis das Zahlenformat von Datum auf eine normale Zahl umzustellen, bis 27 angezeigt wird.

➤ Weiter unten und den Text „Anzahl der Monate" ergänzen, den errechneten Wert 27 ausschneiden und daneben einfügen.

Jul 20	1.098,82 €	400,00 €	5,49 €	394,51 €
Aug 20	704,31 €	400,00 €	3,52 €	396,48 €
Sep 20	307,83 €	400,00 €	1,54 €	**309,37 €**
Anzahl der Monate:		27,00		

Letzte Rückzahlung + Zinsen
= 307.83+1.54

10.6 Werte variieren

Sie könnten auf der zweiten Berechnungsseite die Tabelle nach unten verlängern, dann verschiedene Kreditbeträge und Raten oben eintragen und Anhand des Wechsels zu negativen Zahlen die Rückzahlungsdauer einsehen.

> Die manuelle Berechnung per Tabelle kann aber leider nicht die Anzahl der Monate automatisch verlängern oder verkürzen.
>
> Um eine wirklich flexible Berechnung zu erhalten, brauchen wir folglich die passende Formel von Excel.

11. Die Finanzformel RMZ

Diese Berechnung von Hand ist doch etwas aufwendig, besonders, wenn Änderungen der Laufzeit oder Beträge gewünscht sind. Gut zur Übung, um das Prinzip zu verstehen. Versuchen wir dasselbe mit der dafür vorgesehenen Excel-Funktion RMZ für **regelmäßige Zahlung**.

Mit der Funktion RMZ kann die monatliche Zahlung sowohl für einen Kredit als auch beim Sparen errechnet werden. Der Unterschied liegt nur im Vorzeichen. Berücksichtigt wird Zins und Rückzahlung, bzw. Sparleistung.

> ➢ Damit die Übung in einer Arbeitsmappe bleibt, verwenden wir nun ein drittes Tabellenblatt.

> ➢ Kopieren Sie die Übersicht von Blatt 1 auf Blatt 3, damit wir nicht alles neu schreiben müssen.

> ➢ Benennen Sie die Blätter passend um, z.B. in Ergebnis-Kredit, Berechnung-Kredit und RMZ-Kredit.

So sollte Tabelle 3 vorläufig aussehen:

Kreditberechnung	
Betrag:	10.000,00 €
Zinsen in Prozent:	6%
Laufzeit in Monaten:	27
Letzte Rate:	309,37 €

Wenn Sie links oben beginnen (10.000,00 € in der Zelle B3), stimmen die Zellenbezeichnungen mit der folgenden Formel im Buch überein.

Jetzt werden wir in dieser Zelle B10 mit der Formel die exakte monatliche Rückzahlung berechnen.

> ➢ Zelle anklicken, Formelsymbol fx drücken und aus

> ➢ den Kategorien „Alle" oder „Finanzmathematik" die Formel RMZ auswählen.

11.1 Das Eingabemenü

Nach OK können Sie die Werte für die Formel eintragen:

Das Formelmenü können Sie oben im Balken mit gedrückter Maustaste ver-schieben, um die Werte zu sehen.

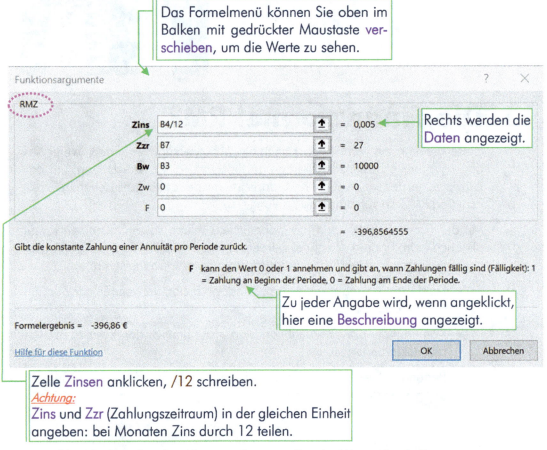

Rechts werden die Daten angezeigt.

Zu jeder Angabe wird, wenn angeklickt, hier eine Beschreibung angezeigt.

Zelle Zinsen anklicken, /12 schreiben.
Achtung:
Zins und Zzr (Zahlungszeitraum) in der gleichen Einheit angeben: bei Monaten Zins durch 12 teilen.

➤ Verschieben Sie das Menü und tragen Sie die Werte durch Zeigen mit der Maus ein.

11.2 Erläuterungen

♦ Zins ist der Zinssatz, bitte durch 12 teilen, weil wir den Zins pro Monat benötigen, da meist der

♦ Zahlungszeitraum Zzr in Monaten eingetragen wird.

> Sie können natürlich auch den Zins pro Jahr eintragen und die Laufzeit ebenfalls in Jahren, aber Vorsicht: hier liegt eine häufige Fehlerquelle, wenn die Angaben nicht zueinander passen!

♦ Bei Bw (für Barwert) wird der Kreditbetrag eingetragen:

   ↳ Bei einem Kredit die Kreditsumme und Zw = 0

   ↳ beim Sparen ist Bw Null und Zw der gewünschte Endbetrag.

♦ Zw (Zukünftiger Wert) ist der angestrebte Endwert,

   ↳ bei einem Kredit meistens 0,

   ↳ bei einem Sparvertrag die gewünschte Sparsumme.

   ↳ Ist kein Zw eingetragen, gilt das als 0.

- F ist die **Fälligkeit**, siehe folgende Tabelle.

  ↳ Wenn Sie den Zahlungszeitraum und den Zins in einer anderen Einheit angeben, z.B. in Jahren, gilt die **Fälligkeit F** automatisch für diese Perioden, also z.B. mit 0 zum Jahresende.

F	Zahlung fällig:
0	Am Monatsende (kein Eintrag = 0)
1	Am Monatsanfang

11.3 Die Funktion

Wenn Sie mit OK bestätigen, wird folgende Funktion eingetragen:

　　=RMZ(B4/12;B7;B3;0;0)

Der Ratenbetrag von -396,86 € wird errechnet.

- Eine kleine **Differenz** zu unserem Ergebnis, die daraus resultiert, da

  ↳ Excel nicht einen letzten Ausgleichsmonat einfügt,

  ↳ sondern einen vom ersten zum letzten Monat gleichbleibenden Wert errechnet.

Falls Sie die Funktion direkt ändern wollen:

　　RMZ(Zins; Zzr; Bw; Zw; F) heißt:
　　Zins; Zahlungszeitraum; Barwert; zukünftiger Wert; Fälligkeit.

> Beachten Sie wieder, gleiche Zeiteinheiten für Zins und Zzr zu verwenden, also meist die Zinsen für Monate durch zwölf teilen.

Tipp:

- RMZ liefert den monatlich zu zahlenden Betrag.
- Zzr (die Laufzeit in Monaten) gibt an, wie oft Sie diesen Betrag bezahlen oder ansparen müssen.

  ↳ Multiplizieren Sie beide Werte in einer weiteren Zelle und Sie erhalten den von Ihnen zu leistenden Gesamtbetrag.

Stellen Sie die Kreditberechnung mit der Formel RMZ fertig:

Kreditberechnung	
Betrag:	10.000,00 €
Zinsen in Prozent:	6%
Laufzeit in Monaten:	27
Rate (am Monatsende):	-396,86 €
Insgesamt zu zahlen:	-10.715,12 €

Jetzt können Sie beliebige Werte einsetzten:

➢ Ermitteln Sie die Werte für Kreditbeträge von 20.000 und 300.000 € sowie für einen Zinssatz von nur 4 Prozent oder eine doppelt so lange Laufzeit.

> Mit RMZ können Sie folglich nicht nur errechnen, welcher Betrag monatlich aufzubringen ist, um einen Kredit abzuzahlen, sondern auch verschiedene Szenarien simulieren.

11.4 Excel-Kreditvorlage

Auch bei den Excel-Vorlagen mit Datei/Neu, finden Sie Vorlagen zur Kreditberechnung mit der Formel RMZ und vielen weiteren Extras:

♦ Darlehentilgungszeitplan:

    ✎ Wenn der „Darlehensbetrag" geändert wird, wird nicht der Zeitraum, sondern der monatliche Betrag angepasst.

♦ Rechner für Hypothekendarlehen:

    ✎ Beachten Sie die Tilgungstabelle. Dort wird der Wert „Darlehensbetrag" als Anfangswert gesetzt, dieser kann auf der Übersichtsseite geändert werden, das Feld Kaufpreis ist mit diesem nicht verknüpft und muss ebenfalls manuell angepasst werden.

    ✎ Bei Änderungen der Kreditsumme wird in der Tilgungstabelle nicht der Zeitraum, sondern der monatliche Betrag, angepasst.

♦ Falls eine Vorlage vor Veränderungen geschützt sein sollte, können Sie direkt unter Start im Abrollmenü Format den Schutz aufheben: Blattschutz aufheben (sofern dies nicht durch ein Passwort gesperrt ist).

12. Ein Sparbrief

Ebenfalls mit RMZ gehen wir nun den umgekehrten Weg. Wir zahlen keine Schuld ab, sondern sparen an.

Beachten Sie jedoch, dass mit RMZ wieder nur der gewünschte Endbetrag vorgegeben und der zu leistende monatliche Einsatz ermittelt werden kann.

> Es ist mit RMZ nicht möglich, zu ermitteln, welchen Endbetrag Sie mit einer bestimmten monatlichen Sparsumme über eine bestimmte Zeit erzielen würden. Dafür gibt es die Formel ZW, die anschließend vorgestellt wird.

12.1 Die Sparraten ermitteln

➢ Ein neues Blatt für diese Übung verwenden. Errechnen Sie, welche monatlicher Sparleistung bei dem gewählten Zinssatz in drei Jahren gezahlt werden müsste, um die Endsumme anzusparen.

➢ Beginnen Sie mit „Sparen mit RMZ" in B2, die auszurechnende Sparrate ist dann in C4, damit die Felder mit der folgenden Beschreibung übereinstimmen:

Sparen mit RMZ	
Anzahlung:	3.000 €
Sparrate:	
Zinsen in Prozent:	5%
Laufzeit in Jahren:	3
Endwert:	10.000

Errechnen Sie den erforderlichen Sparbetrag.

➢ Versuchen Sie, mit RMZ die monatliche Rate herauszubekommen.

Anmerkungen:

♦ Auch hier gibt Excel einen negativen Wert aus.

> Immer wenn Sie Beträge bezahlen, sind diese negativ.

♦ Die Zahlung soll am Monatsanfang erfolgen, damit es auf das Geld bereits Zinsen gibt.

Zur Eingabe:

◆ **Zins**: den Zinssatz in Prozent durch 12 Monate teilen.

◆ **Zzr**: die Zelle mit dem Zahlungszeitraum anklicken und **mal 12 Monate** nehmen, da der Zeitraum in Jahren angegeben ist und wir den monatlich zu zahlenden Betrag errechnen wollen.

◆ **Bw**: falls keine Anzahlung erfolgt, ist der aktuelle Barwert 0, wenn Sie ein Anfangskapital einsetzen, z.B. eine anfängliche **Einzahlung von 5.000 €**, so ist diese Angabe wieder als negativer Wert einzutragen.

◆ **Zw** für den zukünftigen Endwert. Dort die Zelle mit dem **Endwert von 10.000 €** wählen.

Kleine Variante:

➤ Führen Sie obige Berechnung durch, aber in einer weiteren Zeile mit dem Anfangskapital von 1.000 €. Also noch einmal RMZ oder manuell in der Formel abändern: =RMZ(B4/12;B5*12;-1000;B6;1).

12.2 Betrag ansparen

Jetzt soll der Endbetrag ermitteln werden, der mit einer bestimmten Sparsumme erreicht werden kann. Hierfür ist die Funktion ZW für Zins-Wert vorgesehen.

➤ Tragen Sie die gewünschten Werte auf einem neuen Blatt ein.

	A	B	C
1			
2		**Sparen**	
3			**Wert**
4		**Sparrate:**	100
5		**Zinsen in Prozent:**	5%
6		**Laufzeit:**	3
7		**Endwert:**	

➤ In der nächsten Zeile „Endwert:" können Sie dann mittels des Funktionsassistenten die Funktion ZW aufrufen.

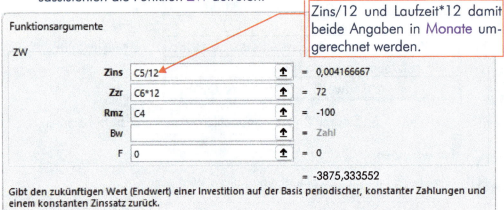

Zins/12 und Laufzeit*12 damit beide Angaben in Monate umgerechnet werden.

◆ Da wir die Zellen anklicken, statt die Werte einzutragen, können Sie die Werte ändern und somit andere Bedingungen simulieren.

➤ Das ist auch zur Kontrolle gut. Wählen Sie zur Überprüfung der Formel eine Laufzeit von nur einem Jahr sowie von 10 Jahren.

12.3 Sparen in Handarbeit

Es ist nicht nur zur Überprüfung sinnvoll, die Sparentwicklung in Handarbeit zu berechnen, sondern z.B., weil damit individuelle Sonderzahlungen mit Datum eingetragen und Zinsschwankungen berücksichtigt werden könnten.

Eine Tabelle könnte so eingerichtet werden:

	A	B	C	D
1				
2		**Sparen**		
3			Wert	pro Monat
4		Sparrate:	100.00 €	100.00 €
5		Zinsen in Prozent:	5%	0.42%
6		Laufzeit:	3	36
7		Endwert:	-3,875.33 €	
8				
9		Monat	Wert	Zins / M.
10		1	100.00 €	0.42 €
11		2	200.42 €	0.84 €
12				

Für die Zinsen benötigen wir die Formel =C10*$D$5 – wobei zum Kopieren der Zinssatz D5 absolut gesetzt wurde.

Die Formel =D$4+C10+D10. Der monatlich gleiche (darum maskierte) Sparbetrag (D4) plus dem jeweils vorigen Wert C10 plus die Zinsen D10.

3	301.25 €	1.26 €
4	402.51 €	1.68 €
5	504.18 €	2.10 €
6	606.28 €	2.53 €
7	708.81 €	2.95 €
8	811.76 €	3.38 €
9	915.15 €	3.81 €
10	1,018.96 €	4.25 €

Die zweite Zeile manuell einrichten, wenn gleichbleibende Werte maskiert wurden, können dann alle drei Spalten gemeinsam nach unten erweitert werden, bis 36 Monate erreicht sind.

34	3,644.48 €	15.19 €
35	3,759.67 €	15.67 €
36	3,875.33 €	16.15 €

Die Handberechnung ergibt 3.875,33 Euro, was der Formel ZW mit der Fälligkeit 0 entspricht, d.h. Zahlung der Zinsen am Monatsende. Zinsen am Monatsanfang wäre bei einem Kredit anzuwenden.

12.4 Hilfe für die Formeln

Im Funktionsassistenten finden Sie bei jeder Funktion unten „Hilfe für diese Funktion". In dem hiermit erscheinenden Hilfemenü werden die Formeln ausführlich beschrieben, hier am Beispiel der Funktion LIA.

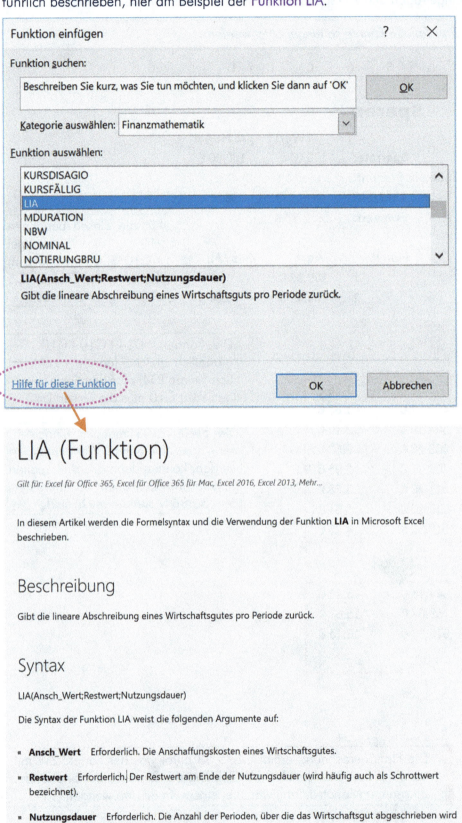

LIA (Funktion)

Gilt für: Excel für Office 365, Excel für Office 365 für Mac, Excel 2016, Excel 2013, Mehr...

In diesem Artikel werden die Formelsyntax und die Verwendung der Funktion **LIA** in Microsoft Excel beschrieben.

Beschreibung

Gibt die lineare Abschreibung eines Wirtschaftsgutes pro Periode zurück.

Syntax

LIA(Ansch_Wert;Restwert;Nutzungsdauer)

Die Syntax der Funktion LIA weist die folgenden Argumente auf:

- **Ansch_Wert**   Erforderlich. Die Anschaffungskosten eines Wirtschaftsgutes.

- **Restwert**   Erforderlich. Der Restwert am Ende der Nutzungsdauer (wird häufig auch als Schrottwert bezeichnet).

- **Nutzungsdauer**   Erforderlich. Die Anzahl der Perioden, über die das Wirtschaftsgut abgeschrieben wird (auch als Nutzungsdauer bezeichnet)

Vierter Teil

ERWEITERTE FOR-MATIERUNGEN

Ausblenden, Zeichnen, Grafiken und Formatvorlagen für professionelles Design auch größerer Arbeitsmappen

13. Ausblenden, Zeichnen

13.1 Ausblenden

Zum Abschluss formatieren wir die Kredit- oder Zinsberechnung ansprechend mit einer kleinen Erweiterung. Die vielen Linien aller nicht benutzten Zellen stören das Gesamtbild. Versuchen Sie es folgendermaßen:

➤ Markieren Sie die auf dem Bildschirm nicht benötigten Zeilen,

 ➤ dann als Hintergrundfarbe mit dem **Farbeimer weiß** auswählen.

➤ Auch die nicht benutzten Spalten markieren und weiß formatieren.

Jetzt die Überschrift:

➤ Rechte Maustaste/Zeilenhöhe 28 für die Überschrift vorgeben (geht nicht, wenn die Zelle mit Doppelklicken geöffnet wurde).

➤ Überschrift markieren, **rechte Maustaste** und **Zellen formatieren**. Schriftgröße auf 20 pt erhöhen, vertikale Ausrichtung über beide Spalten, Textfarbe und Rahmen einstellen.

➤ Mit Rahmenlinien und Zellenformatvorlagen ansprechend formatieren.

➤ Ergänzen Sie die Leerzeilen, um die Berechnung in übersichtliche Blöcke zu gliedern.

So könnte es werden:

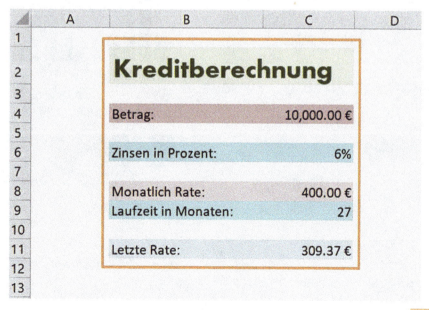

13.2 Zeichnen im Excel

Für das Rechteck können wir auch die Zeichenfunktionen benutzen.

> Rahmenlinien löschen, dann auf der Karteikarte Einfügen bei Formen ein Rechteck mit gedrückter Maustaste über die Tabelle ziehen:

Es erscheint automatisch die Symbolleiste Zeichnen:

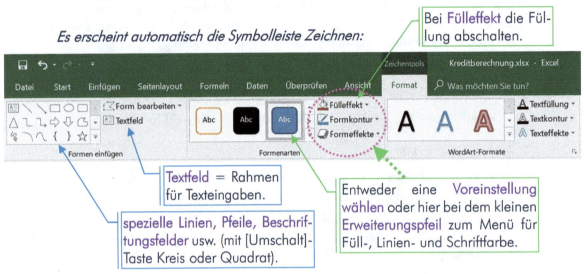

Bei Fülleffekt die Füllung abschalten.

Textfeld = Rahmen für Texteingaben.

spezielle Linien, Pfeile, Beschriftungsfelder usw. (mit [Umschalt]-Taste Kreis oder Quadrat).

Entweder eine Voreinstellung wählen oder hier bei dem kleinen Erweiterungspfeil zum Menü für Füll-, Linien- und Schriftfarbe.

> Zeichnen Sie ein Rechteck über die ganze Tabelle, dann dessen Füllfarbe ausschalten:

   ✍ Dafür Rechteck anklicken und

   ✍ in der Symbolleiste beim Fülleffekt „Keine Füllung" wählen.

> Die Symbolleiste ausschalten: Einfach eine andere Zelle anklicken, dann wird wieder die normale Symbolleiste angezeigt.

Weitere Formatierungen:

Bei den Formen (früher AutoFormen) finden Sie zahlreiche vorgefertigte grafische Formen, z.B. ein Rechteck mit abgerundeten Ecken, ein Achteck, diverse Pfeile, Symbole für Flussdiagramme, Sterne und Banner.

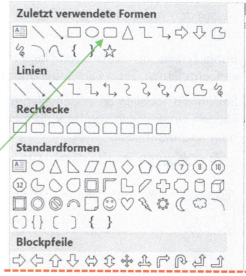

Rechteck mit abgerundeten Ecken.

Alle Autoformen können Sie nachträglich ändern:

♦ Abgerundete Ecken gehen nachträglich so:

↳ Rechteck anklicken,

↳ dann ganz oben im Programmbalken Zeichentools anklicken und bei

↳ Form bearbeiten das abgerundete Rechteck wählen.

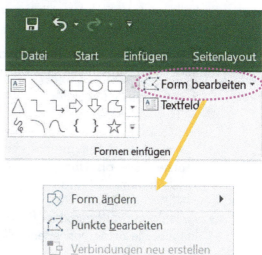

Bei allen Autoformen können Sie Text ergänzen:

Text ergänzen

♦ Form anklicken und einfach los schreiben oder rechte Maustaste auf der AutoForm und „Text bearbeiten" wählen.

♦ Bei allen Autoformen finden Sie mittels der rechten Maustaste, dann „Form formatieren" zahlreiche Einstellmöglichkeiten, z.B. diverse Füllmuster oder Farbverläufe.

Übung abschließen:

➢ Benennen Sie die Blätter passend um: Kredit, Berechnung, Kredit mit RMZ, Sparen mit RMZ.

➢ Drucken Sie die Tabelle aus. Anhand von dem Ausdruck die Tabelle fertig einstellen, da je nach Drucker das Ergebnis anders ausfällt.

13.3 Zellenformatvorlagen

Neben den Vorlagen für neue Tabellen können Sie existierenden Tabellen voreingestellte Formatierungen zuweisen.

Bisher haben wir Tabellen von Hand formatiert, um alle Einstellmöglichkeiten kennenzulernen. Excel kann Standardtabellen selbständig formatieren.

Sollten die Tabellen Besonderheiten aufweisen, etwa mehrere Überschriften, können Sie weiterhin von Hand formatieren oder die automatische Formatierung nachbearbeiten.

> Öffnen Sie die Übung PKW-Wertverlust (siehe Kapitel 7.2).

Folgende Formatierungshilfen bietet Excel:

♦ Als Tabelle formatieren: hier können Sie wie früher mit AutoFormat Tabellen automatisch formatieren, indem diesen Farbschemas zugewiesen werden. Vorgehen:

> Zuerst die gewünschte Tabelle markieren, dann bei „Als Tabelle formatieren" ein Farbschema auswählen.

    ↳ Es erscheint folgendes Hinweisfenster:

♦ Zellenformatvorlagen: hier finden Sie verschiedene Farbzusammenstellungen, die zuvor markierten Zellen zugewiesen werden können.

    ↳ Damit können auch nachträglich einzelne Bereiche umformatiert werden, um z.B. eine automatisch formatierte Tabelle noch individuell anzupassen.

♦ Bedingte Formatierung: hier kann vorgegeben werden, dass z.B. Zellen mit negativen Werten farbig hervorgehoben werden. Zweck: automatische Markierung von kritischen Werten.

> Formatieren Sie auch die Tabellenblätter der Kreditberechnung mit „Als Tabelle formatieren" oder den Zellenformatvorlagen neu. Probieren Sie mehrere unterschiedliche Muster aus.

> Mit Rückgängig können Sie Formatierungen wieder entfernen und somit verschiedene Varianten nacheinander ausprobieren.

    LINDEMANN GROUP © DIPL.-ING. (FH) PETER SCHIEßL

14. Formatvorlagen in Excel

♦ Formatvorlagen sind eine sehr große Arbeitserleichterung, gerade bei beruflicher Anwendung:

↳ Statt jede Überschrift einzeln zu markieren und dann einzustellen (Schriftart und -größe, Text- und Hintergrundfarbe usw.) wird alles

↳ nur einmal in der Formatvorlage namens Überschrift eingestellt.

↳ Bei einer neuen Tabellenüberschrift schalten Sie auf diese Formatvorlage um und alle Formatierungen sind da!

> Hier werden wir nur eine einfache Übungsrechnung erstellen, aber die großen Vorteile der Formatvorlagen können Sie erahnen, wenn Sie sich eine seitenlange Kalkulation vorstellen.

Wir werden die Formatvorlagen praxisnah anhand einer Immobilienfinanzierung erkunden:

➤ Erstellen Sie die folgende Tabelle, beginnen Sie dabei in der dritten Zeile der zweiten Spalte B:

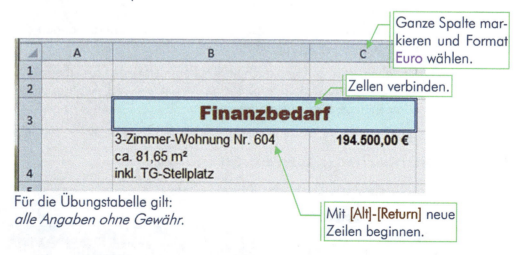

Ganze Spalte markieren und Format Euro wählen.

Zellen verbinden.

Mit [Alt]-[Return] neue Zeilen beginnen.

Für die Übungstabelle gilt:
alle Angaben ohne Gewähr.

➤ Formatieren Sie die Überschrift Finanzbedarf blau schattiert mit roter, kräftiger Schrift und Rahmenlinie ähnlich wie oben abgebildet.

➤ Markieren Sie die nicht benötigten Zeilen und Spalten und blenden Sie diese mit Hintergrundfarbe weiß aus.

14.1 Eine neue Formatvorlage

> ➢ Die Zelle mit Finanzbedarf anklicken, denn diese soll nun die erste Hauptüberschrift werden, dann Zellenformatvorlagen/Neue Zellenformatvorlage...

Zellenformatvorlagen werden je nach Fenstergröße so dargestellt:

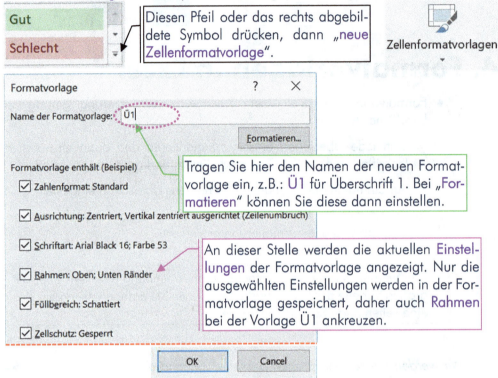

Diesen Pfeil oder das rechts abgebildete Symbol drücken, dann „neue Zellenformatvorlage".

Zellenformatvorlagen

Formatvorlage

Name der Formatvorlage: Ü1

Formatieren...

Tragen Sie hier den Namen der neuen Formatvorlage ein, z.B.: Ü1 für Überschrift 1. Bei „Formatieren" können Sie diese dann einstellen.

Formatvorlage enthält (Beispiel)

☑ Zahlenformat: Standard

☑ Ausrichtung: Zentriert, Vertikal zentriert ausgerichtet (Zeilenumbruch)

☑ Schriftart: Arial Black 16; Farbe 53

☑ Rahmen: Oben; Unten Ränder

☑ Füllbereich: Schattiert

☑ Zellschutz: Gesperrt

An dieser Stelle werden die aktuellen Einstellungen der Formatvorlage angezeigt. Nur die ausgewählten Einstellungen werden in der Formatvorlage gespeichert, daher auch Rahmen bei der Vorlage Ü1 ankreuzen.

OK   Cancel

Nach OK gibt es die neue Formatvorlage Ü1 mit den gleichen Einstellungen wie die Überschrift Finanzbedarf. Allerdings muss die Formatvorlage Ü1 noch der Überschrift Finanzbedarf zugewiesen werden:

> ➢ Überschrift Finanzbedarf anklicken, dann bei Zellenformatvorlagen die neue Ü1 auswählen und damit zuweisen.

> ↳ Sie sehen, dass im Excel auch bereits Formatvorlagen für Überschriften vorhanden sind, darauf rechte Maustaste und Ändern, dann könnten diese auch verwendet werden.

14.2 Formatvorlage zuweisen

Nach einer Leerzeile geht es mit der Tabelle weiter.

> ➢ Ergänzen Sie den weiteren Text wie folgt, wobei hier als optischer Effekt der einfarbige Hintergrund auf der Karteikarte Ausfüllen durch einen zweifarbigen Fülleffekt „Aus der Mitte" ersetzt wurde:

Kauf-Nebenkosten	
Grunderwerbssteuer 3,5 %	6.807,50 €
Maklerprovision 3 %	5.835,00 €
19% MwSt Maklerprov.	1.108,65 €
Notarkosten ca. 1,5%	2.917,50 €
Zwischensumme	16.668,65 €

Umzug und Einrichtung	
Umzugskosten	3.000,00 €
Renovierungskosten	10.000,00 €
Einrichtung, Küche, Möbel...	15.000,00 €
Zwischensumme	28.000,00 €

Kauf-Nebenkosten und „Umzug und Einrichtung" sollen nun ebenfalls als Hauptüberschriften formatiert werden. Jetzt sehen Sie den Vorteil der Formatvorlagen, denn jedes umständliche Einstellen entfällt.

➢ Klicken Sie die jeweiligen Zellen an und wählen Sie über die Schaltfläche Zellenformatvorlagen die Formatvorlage Ü1 aus.

14.2.1 Formatvorlage einstellen oder ändern

Formatvorlagen können aber auch jederzeit geändert werden:

➢ Im Menü bei Zellenformatvorlagen auf Ü1 die rechte Maustaste drücken und Ändern wählen.

    ✎ In dem erscheinenden Menü können Sie mit der Schaltfläche Formatieren Einstellungen vornehmen können. Nur dass die jetzt vorgenommenen Änderungen für die Formatvorlage gelten.

    ✎ Wir hätten auch manuell die Überschrift Finanzbedarf ändern und diese anschließend neu als Formatvorlage Ü1 speichern können.

    ✎ Ebenfalls mit der rechten Maustaste können wir Formatvorlagen umbenennen oder duplizieren, um z.B. eine weitere Überschrift Ü2 mit ähnlichen Einstellungen und kleinerer Schrift zu erstellen.

Stellen Sie folgendes ein:

➢ Schrift fett + kursiv und zwei Punkte größer als der restliche Text

➢ und probieren Sie als Hintergrundfarbe bei Ausfüllen den Fülleffekt „Aus der Mitte" mit hellblau und zwei dunkelblaue, dicke Linien oben und unten (Karteikarte Rahmen).

➢ Dann mit OK Menü verlassen.

> Sie können das Formatvorlagen-Menü jederzeit erneut öffnen und die Formatvorlage anders einstellen. **Alle Texte, denen diese Formatvorlage zugewiesen ist, werden anschließend automatisch aktualisiert** – bitte ausprobieren, z.B. andere Hintergrundfarbe wählen.

◆ Ganz komfortabel kommen Sie in das Menü mit der Tastaturabkürzung [Alt]-t-v.

[Alt]-t-v

14.2.2 Übung fertig stellen

In den Formatvorlagen kann nicht eingestellt werden, dass Zellen verbunden werden sollen – dies ist manuell mit dem Symbol für Zellen verbinden vorzunehmen.

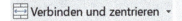 Verbinden und zentrieren ▾

Jetzt sollte die Übung folgendermaßen mit dem eingetragenen Text aussehen, der mittels Formatvorlagen formatiert wurde:

Als Formeln z.B. für die Grunderwerbssteuer C4*3,5%, weitere Formeln entsprechend.

Formatvorlage Ü1.

Formatvorlage Ü2.

Finanzbedarf

3-Zimmer-Wohnung Nr. 604 ca. 81,65 m² inkl. TG-Stellplatz	**194.500,00 €**

Kauf-Nebenkosten

Grunderwerbssteuer 3,5 %	**6.807,50 €**
Maklerprovision 3 %	**5.835,00 €**
19% MwSt Maklerprov.	**1.108,65 €**
Notarkosten ca. 1,5%	**2.917,50 €**
Zwischensumme	16.668,65 €

Umzug und Einrichtung

Umzugskosten	**3.000,00 €**
Renovierungskosten	**10.000,00 €**
Einrichtung, Küche, Möbel…	**15.000,00 €**
Zwischensumme	28.000,00 €

Ermittlung Fremdkapital

Gesamtaufwand	**239.168,65 €**
Eigenkapital	**60.000,00 €**
Bruttofinanzbedarf	179.168,65 €
zzgl. 10T € Sicherheit	189.168,65 €

Finanzierungskosten

aktueller Zinssatz 5,2%	**9.836,77 €**
Rückzahlung 1%	**1.891,69 €**
Summe Finanzierungskosten	11.728,46 €
Finanzierungsk. pro Monat	977,37 €

Weitere monatl. Kosten

Grundsteuer ca.	**70,00 €**
Nebenkosten geschätzt	**300,00 €**
Renovierungsrücklagen	**100,00 €**
Zwischensumme	470,00 €

Endsumme

Finanzbedarf pro Monat	1.447,37 €

14.2.3 Formatvorlage wechseln

Und noch eine neue Formatvorlage:

Die Summen sollen auch einheitlich formatiert werden. Hier zur Übung anhand der Zwischensummen und des Bruttofinanzbedarfs usw.

➢ Die erste Unterüberschrift ähnlich der Abbildung formatieren,

➢ anklicken und als neue Formatvorlage Ü2 speichern, zur Erinnerung: Zellenformatvorlagen/Neue Zellenformatvorlage.

➢ Dann auch den anderen Unterüberschriften diese Formatvorlage Ü2 zuweisen.

14.2.4 Währungsformat

Sowohl der Text als auch die Zahlenangaben sollen mit der Formatvorlage Überschrift 2 (Ü2) formatiert werden, damit die Schrift- und Rahmeneinstellungen übereinstimmen.

◆ Das Zahlenformat Währung kann bereits in der Formatvorlage festgelegt werden.

◆ Allerdings ist die Ausrichtung beim Text linksbündig, bei den Zahlen rechtsbündig, also verschieden, was somit nicht in der Formatvorlage eingestellt werden kann.

   ↳ Also in der Formatvorlage linksbündig und nach Zuweisen der Formatvorlage die Zahlen manuell auf rechtsbündig einstellen.

14.3 Die Zahlen formatieren

Ist es Ihnen schon aufgefallen, dass bei den Zahlen die Zellenformatvorlage Euro verwendet ist?

Auch hier benutzt Excel die Formatvorlagen. Wir hatten die Formatvorlage Euro nebenbei zugewiesen, als wir die Zellen mit dem Währungssymbol für den Euro eingestellt haben.

Daraus resultiert, dass wir alle €-Zahlen über die Formatvorlage automatisch einstellen können, und diese Chance nutzen wir sogleich.

➢ Stellen Sie für die Formatvorlage Euro Schriftfarbe dunkelbraun, fett und mit heller Hintergrundtönung.

   ↳ Beachten Sie, wie alle Euro-Währungszellen einheitlich geändert werden, außer den Zahlen mit der Formatvorlage Ü2 natürlich, hier haben wir ja die Formatvorlage geändert. Weisen Sie Ü2 auch noch eine helle Schattierung zu.

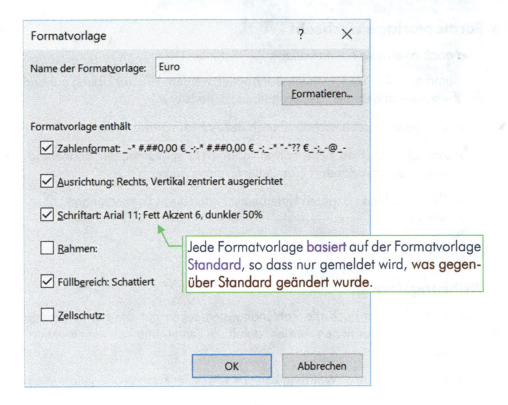

Abschließende Hinweise:

- Für Prozent-Formate gilt die Formatvorlage Prozent, die Sie ebenfalls ändern können.

- Die Formatvorlage Euro ist eigens für den Euro eingerichtet.

  - ↳ Für andere Währungen oder unterschiedliche Formatierungen kann die Formatvorlage Währung verwendet werden, weitere Formatvorlagen für andere Währungen oder Texteinstellungen können Sie wie beschrieben selbst ergänzen.

14.4 Vorteile der Formatvorlagen

Wenn Sie die Formatvorlage nachträglich ändern, werden alle Zellen in dieser Arbeitsmappe, denen diese Formatvorlage zugewiesen wurde, automatisch aktualisiert.

> Mit Formatvorlagen sind selbst sehr lange Tabellen schnell und einfach formatiert. Das ist die Voraussetzung, um längere Tabellen rationell einzustellen. Auch wenn Tabellen auf mehrere Tabellenblätter verteilt sind, ist es mit Formatvorlagen kein Problem, alle einheitlich einzustellen.

- Auch längere Tabellen können ohne großen Aufwand jederzeit anders formatiert werden (ohne Formatvorlagen müssten Sie wieder jede Überschrift anklicken und einzeln ändern!).

- Ein einheitliches Erscheinungsbild: beim Formatieren von Hand wird gelegentlich ein anderer Wert eingestellt.

 Eine Alternative zu den Formatvorlagen bietet der Befehl „Format übertragen" (siehe Seite 46) oder Als Tabelle formatieren. Für längere Mappen und professionelle Arbeiten empfehlen wir jedoch unbedingt die Formatvorlagen

Fünfter Teil

ERWEITERTE ANWENDUNGEN

Eine Versuchsreihe mit Diagramm, Pivot, externe Daten...

15. Eine Versuchsreihe

Für wissenschaftliche Auswertungen stellt Excel ebenfalls einige Funktionen bereit: Runden, höchster oder kleinster Wert, Standardabweichung usw.

Beispiel: Ein Reifenhersteller möchte ein neues Profil testen. Hierfür wurden jeweils sechs Bremswege bei unterschiedlichen Geschwindigkeiten auf trockener, gerader Teststrecke ermittelt.

Versuchsauswertung Reifen Profil A					
Geschwindigkeit	**30**	**50**	**60**	**70**	**100**
1	4,23	12,25	22,85	43,87	84,98
2	4,37	13,88	20,32	41,52	74,55
3	4,96	13,28	21,45	39,65	77,94
4	5,96	12,95	20,02	46,17	85,83
5	4,45	13,74	22,55	40,47	77,94
6	4,34	12,84	21,94	41,27	72,94

(Spalte "Test" vertikal beschriftet zu den Zeilen 1–6)

15.1 Auswertung mit Excel

Bei jeder Versuchsauswertung stellt sich sofort die Frage nach dem jeweiligen Mittelwert, und, besonders weil Excel das automatisch herausfindet, nach dem größten und kleinsten Messwert. Denn wenn ein Wert sehr stark von dem Mittelwert abweicht, ist das oft ein Hinweis auf einen Messfehler, z.B. dass ein Wert falsch abgelesen wurde.

Vorgehen:

♦ Wir werden einmal bei Tempo 30 die Formeln für Anzahl, Min, Max, den Mittelwert und die Standardabweichung eingeben und diese anschließend in die weiteren Spalten mit der Maus kopieren.

Diese Formeln finden Sie bei Formeln-fx in der Kategorie Statistik:

➢ -Anzahl,

➢ -Min oder Max (kleinster oder größter Wert),

➢ -Mittelwert und die Standardabweichung Stabwn.

Beachten Sie, dass Excel praktisch alle Berechnungsmöglichkeiten bietet, z.B. Median oder geometrisches Mittel, Varianz usw.

So sollte es werden:

Zelle anklicken, Funktionsassistenten starten (fx oder Kartei-karte Formeln oder mit [Umschalt]-F3), gewünschte Formel wählen und dann die Werte mit der Maus angeben.

Geschw.	30	50	60	70	100
Test 1	4,23	12,25	22,85	43,87	84,98
Test 2	4,37	13,88	20,32	41,52	74,55
Test 3	4,96	13,28	21,45	39,65	77,94
Test 4	5,96	12,95	20,02	46,17	85,83
Test 5	4,45	13,74	22,55	40,47	77,94
Test 6	4,34	12,84	21,94	41,27	72,94
Anzahl	6	6	6	6	6
Min	4,23	12,25	20,02	39,65	72,94
Max	5,96	13,88	22,85	46,17	85,83
Mittelwert	4,7183333	13,156666	21,521666	42,158333	79,03
Standardabw	0,6020912	0,5543364	1,0568099	2,2121664	4,8507250

Die Vorauswahl von Excel ist zu korrigieren, den bei Anzahl wird auch die Geschwindigkeit mitgezählt, ab Min werden die obenstehenden Werte nicht mehr automatisch erkannt, da eine Formel und Leerzeile voranstehen:

Anzahl:

entweder gleich hier markieren und die richtigen Zellen ohne die Geschwindigkeit mit gedrückter Maustaste angeben oder

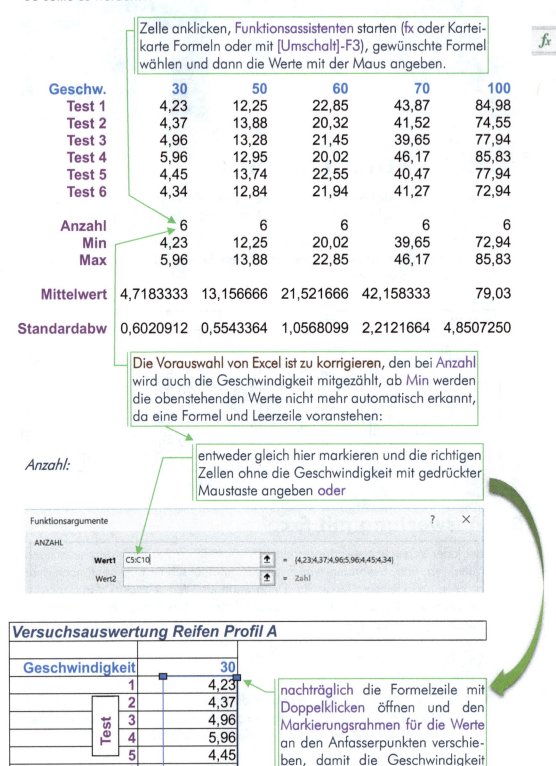

Versuchsauswertung Reifen Profil A

Geschwindigkeit	30
1	4,23
2	4,37
Test 3	4,96
4	5,96
5	4,45
6	4,34
Anzahl	=ANZAHL(C5:C10)
Min	

nachträglich die Formelzeile mit Doppelklicken öffnen und den Markierungsrahmen für die Werte an den Anfasserpunkten verschieben, damit die Geschwindigkeit nicht mitgezählt wird.

➤ Ebenso die weiteren Formeln Min, Max, Mittelwert und Standardabweichung (STABW.N) eintragen, dabei jeweils kontrollieren, ob die richtigen Werte gewählt sind.

15.2 Runden

Folgendes Problem stellt sich ein: der Mittelwert und die Standardabweichung werden mit zu vielen Nachkommastellen angezeigt. Hier müssen wir runden.

➢ Markieren Sie den ersten Mittelwert 4,71833333 und drücken Sie

➢ dieses Symbol unter Start mehrmals, um die Stellen nach dem Komma zu reduzieren.

Jetzt haben Sie nur noch 4,72.

Beobachten Sie, wie Excel richtig auf- oder abrundet.

➢ Noch einmal den gleichen Vorgang für die Standardabweichung.

15.3 Formeln kopieren

Anschließend können Sie die fertig eingestellten Formeln nach rechts kopieren. Sie könnten markieren, kopieren und in die folgenden Zellen einfügen, aber es geht mit der Maus noch rationeller.

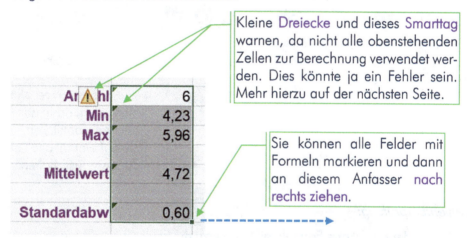

Kleine Dreiecke und dieses Smarttag warnen, da nicht alle obenstehenden Zellen zur Berechnung verwendet werden. Dies könnte ja ein Fehler sein. Mehr hierzu auf der nächsten Seite.

Sie können alle Felder mit Formeln markieren und dann an diesem Anfasser nach rechts ziehen.

Dabei wird die Funktion Bearbeiten/Ausfüllen/rechts ausgeführt. Klicken Sie einige Zellen an, um sich davon zu überzeugen, dass immer die Werte aus der aktuellen Spalte zur Berechnung herangezogen werden.

Anzahl	6	6	6	6	6
Min	4,23	12,25	20,02	39,65	72,94
Max	5,96	13,88	22,85	46,17	85,83
Mittelwert	4,718	13,157	21,522	42,158	79,030
Standardabw	0,602	0,554	1,057	2,212	4,851

➢ Benennen Sie dieses Blatt in „Daten" um.

Bei der nächsten Übung werden wir ein weiteres Blatt für ein Diagramm einfügen.

15.4 Fehlermeldungen im Excel

Da wir der Übersicht halber drei Leerzeilen eingebaut haben, erscheint im Excel ein kleines Dreieck und ein Smarttag, welches Aufmerksamkeit verlangt.

> Dieser Smarttag und die kleinen grünen Dreiecke weisen auf von Excel erkannte mögliche Probleme hin, in diesem Fall, dass nicht alle angrenzenden Werte in die Berechnung einbezogen wurden, was aber hier beabsichtigt ist und daher ignoriert werden kann.

> ✍ Wenn Sie die zugehörige Zelle anklicken, erscheint ein Ausrufezeichen.

> ✍ Beim Anklicken dieses Ausrufezeichens können Sie mehr über die Fehlermeldung lesen oder

> ✍ diesen Fehler ignorieren, was in diesem Fall, da die richtigen Werte für die Formeln manuell markiert wurden, die beste Lösung ist.

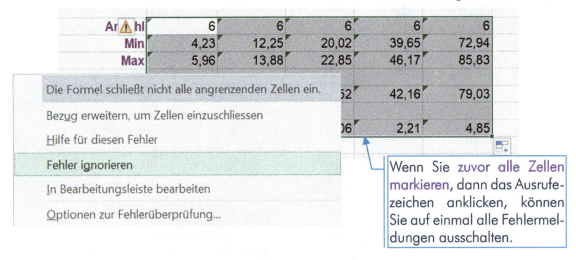

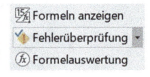

Wenn Sie zuvor alle Zellen markieren, dann das Ausrufezeichen anklicken, können Sie auf einmal alle Fehlermeldungen ausschalten.

Fehlerüberprüfung:

> Auf der Karteikarte Formeln gibt es hierzu die Fehlerüberprüfung, ähnlich wie bei der Rechtschreibprüfung können Sie in diesem Menü eine Fehlermeldung nach der anderen abarbeiten, allerdings können in diesem Menü nicht alle Fehlermeldungen auf einmal ignoriert, d.h. abgeschaltet, werden.

🖾 Formeln anzeigen
◆ Fehlerüberprüfung ▾
ƒx Formelauswertung

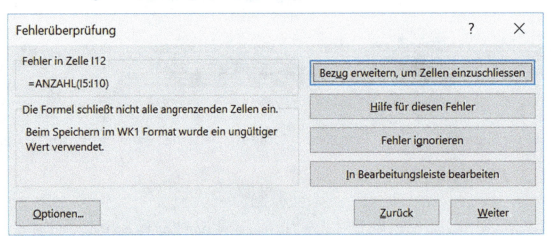

16. Ein Diagramm erstellen

Im Excel können wir aus Daten Diagramme erstellen lassen. Damit lässt sich eine Messreihe anschaulich darstellen und es können Daten, z.B. bei einer Besprechung oder Präsentation, vorgeführt werden (Paradebeispiele: Umsatzsteigerung einer Firma oder die Verkaufszahlen der Niederlassungen).

Wir bleiben bei unserer Versuchsreihe:

➢ Auf der Karteikarte Einfügen finden Sie mehrere Diagramm-Typen zur Auswahl.

➢ Für diese Versuchsauswertung bietet sich das Linienschema an. Wählen Sie die Linie mit Datenpunkten und verschieben Sie den erscheinenden Diagrammbereich, so dass Sie die Daten sehen – dadurch haben Sie auch das Diagramm angeklickt, so dass die Symbole hierfür erscheinen.

Daten auswählen

➢ Das links abgebildete Symbol anklicken und die Versuchswerte ohne die Überschriften markieren.

Das Diagramm wird sofort erzeugt:

An diesen Randlinien sowie im leeren Bereich kann das Diagramm angefasst und verschoben werden.

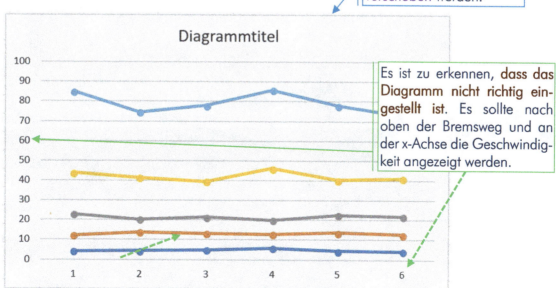

Es ist zu erkennen, dass das Diagramm nicht richtig eingestellt ist. Es sollte nach oben der Bremsweg und an der x-Achse die Geschwindigkeit angezeigt werden.

Das Einstellmenü bei „Daten auswählen":

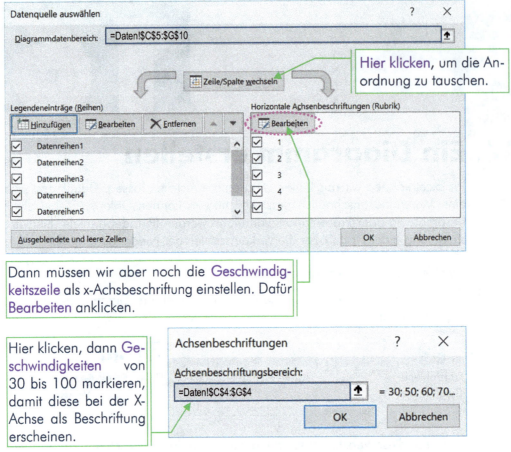

Hier klicken, um die Anordnung zu tauschen.

Dann müssen wir aber noch die Geschwindigkeitszeile als x-Achsbeschriftung einstellen. Dafür Bearbeiten anklicken.

Hier klicken, dann Geschwindigkeiten von 30 bis 100 markieren, damit diese bei der X-Achse als Beschriftung erscheinen.

Jetzt stimmt die Anordnung, aber die Achsenbeschriftungen fehlen noch:

➢ Wählen Sie bei dem + noch zusätzlich Achsentitel und eine Legende unten.

➢ Die erscheinenden Achsentitel anklicken und horizontal mit Geschwindigkeit und nach oben mit Bremsweg überschreiben.

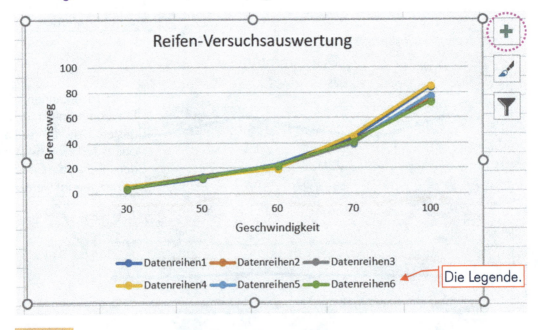

Die Legende.

Die Werte der Y-Achse stimmen noch nicht optimal:

Wir wollen nur den Bereich von 0 bis 90 m statt bis 100 m als Achsenbeschriftung, was manuell eingestellt werden kann.

➤ Auf der Y-Achse die rechte Maustaste drücken und im Abrollmenü Achse formatieren wählen.

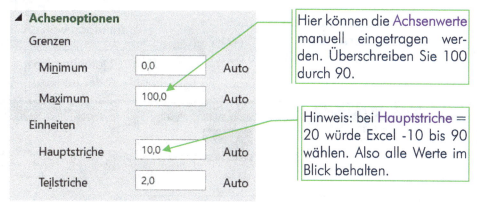

◢ **Achsenoptionen**

Grenzen

| Minimum | 0,0 | Auto |
| Maximum | 100,0 | Auto |

Einheiten

| Hauptstriche | 10,0 | Auto |
| Teilstriche | 2,0 | Auto |

Hier können die Achsenwerte manuell eingetragen werden. Überschreiben Sie 100 durch 90.

Hinweis: bei Hauptstriche = 20 würde Excel -10 bis 90 wählen. Also alle Werte im Blick behalten.

Diagrammtyp
ändern

➤ Falls Sie den Diagrammtyp „gestapelte…" gewählt hätten, werden die Linien, Säulen usw. aufeinander aufbauend angezeigt, also der nächste y-Wert + den y-Wert der vorigen Messreihe.

✎ Probieren Sie bei dem Symbol „Diagrammtyp ändern" verschiedene Darstellungsformen, auch gestapelte.

16.1 Als neues Blatt

Da die Linien sehr dicht beieinander liegen, sollten wir das Diagramm vergrößern, damit alles klar erkennbar wird. Um hierfür genügend Platz zu haben, verschieben wir das Diagramm auf ein neues, eigenes Tabellenblatt.

➤ Diagramm markieren und ausschneiden ([Strg]-X), neues Tabellenblatt und dort einfügen drücken.

➤ Anschließend am Eck anfassen und soweit vergrößern, bis die Linien klar erkennbar werden.

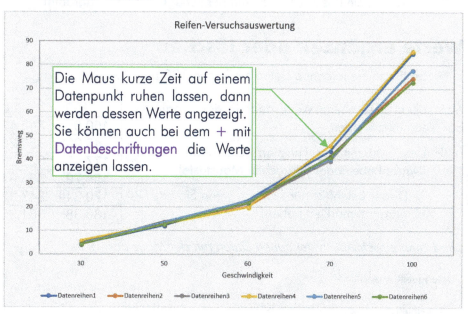

Die Maus kurze Zeit auf einem Datenpunkt ruhen lassen, dann werden dessen Werte angezeigt. Sie können auch bei dem + mit Datenbeschriftungen die Werte anzeigen lassen.

16.2 Übersicht Diagrammfunktionen

Sie können ein Diagramm auf mehreren Wegen nachträglich ändern.

Entweder mit der Diagramm-Symbolleiste (Diagramm anklicken, dann oben Diagrammtools wählen):

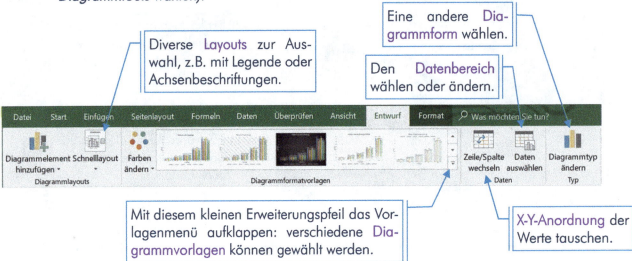

Diverse Layouts zur Auswahl, z.B. mit Legende oder Achsenbeschriftungen.

Eine andere Diagrammform wählen.

Den Datenbereich wählen oder ändern.

Mit diesem kleinen Erweiterungspfeil das Vorlagenmenü aufklappen: verschiedene Diagrammvorlagen können gewählt werden.

X-Y-Anordnung der Werte tauschen.

oder mit den Befehlen, oben aus dem Menü oder per rechter Maustaste:

♦ Rechte Maustaste auf Diagramm und passende Befehle erscheinen, um das Diagramm zu formatieren. Wichtig ist, auf welchem Element Sie die rechte Maustaste drücken, da hierzu ausgewählte Befehle angezeigt werden, z.B. können Sie

↳ bei Diagrammtyp ändern eine andere Diagrammform oder

↳ bei Zeichnungsfläche formatieren eine Hintergrundfarbe wählen.

♦ Beschriftungen können angeklickt und gelöscht, formatiert oder geändert werden.

➢ Benennen Sie das zweite Blatt mit dem Diagramm in „Diagramm" um.

16.3 Werte ergänzen oder löschen

➢ Ergänzen Sie folgende Daten für Tempo 130 und 200:

Jetzt sollen diese neuen Werte auch in das Diagramm aufgenommen werden.

Daten auswählen

➢ Das geht mit der Funktion „Daten auswählen" (Symbol oben oder per rechter Maustaste).

↳ Dieser Befehl ist nur sichtbar, wenn Sie das Diagramm markiert haben.

130	200
150,57	342,43
145,99	355,28
177,45	323,23
154,79	366,97
170,84	347,32
180,38	381,95

Die Daten einschließlich der neuen Daten mit der Maus auswählen:

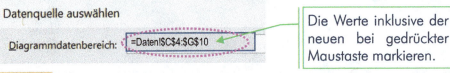

Datenquelle auswählen

Diagrammdatenbereich: =Daten!$C$4:$G$10

Die Werte inklusive der neuen bei gedrückter Maustaste markieren.

Noch einfacher geht es, wenn sich das Diagramm auf dem gleichen Tabellenblatt wie die Daten befindet:

➢ Sobald Sie das Diagramm anklicken, zeigt der blaue Markierungsrahmen, welche Daten für das Diagramm verwendet werden:

Versuchsauswertung Reifen Profil A

Geschw.	30	50	60	70	100	130	200
1	4,23	12,25	22,85	43,87	84,98	150,57	342,43
2	4,37	13,88	20,32	41,52	74,55	145,99	355,28
3	4,96	13,28	21,45	39,65	77,94	177,45	323,23
4	5,96	12,95	20,02	46,17	85,83	154,79	366,97
5	4,45	13,74	22,55	40,47	77,94	170,84	347,32
6	4,34	12,84	21,94	41,27	72,94	180,38	381,95

An diesem Punkt können Sie den Rahmen mit der Maus zwei Spalten weiter bis zu 200 ziehen. Die neuen Daten werden automatisch in das Diagramm aufgenommen. So können Sie ebenfalls Daten entfernen, indem Sie den Rahmen verkleinern.

> Der Markierungsrahmen erscheint nur, wenn sich das Diagramm auf dem gleichen Tabellenblatt wie die Daten befindet!

16.4 Y-Achse beachten und einstellen

Außerdem muss oft der manuell vorgegeben Skalenbereich der Y-Achse erweitert oder korrigiert werden, vor allem, da Excel automatisch manchmal merkwürdige Anpassungen vornimmt, z.B. in diesem Fall wird der höchste Wert 381,95 auf der Y-Achse bei 2100 angezeigt. Wie kann dies sein?

➢ Üblicherweise auf der Y-Achse mit dem Bremsweg die rechte Maustaste drücken und im Abrollmenü Achse formatieren wählen, dann den Achsbereich von 0 bis 90 auf 0 bis 400 oder wieder zu Auto erweitern.

↳ Dies hilft allerdings bei dem beschriebenen Problem nicht, da dann die höheren Werte abgeschnitten, also nicht dargestellt, werden.

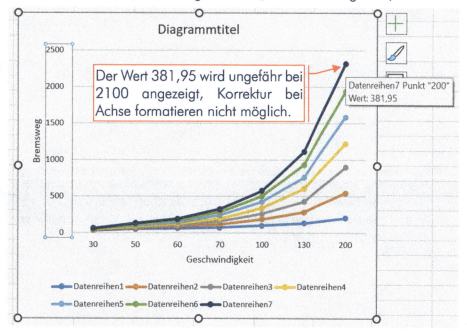

Die Lösung und Ursache:

Bei bestimmten Diagrammtypen wird der Y-Wert anscheinend falsch angegeben, als ob da ein Multiplikator eingestellt wäre, doch hier liegt kein Programmfehler von Excel 2021 vor, sondern dies ist der Grund:

bei allen Diagrammtypen mit der Option gestapelt wird die nächste Messlinie auf die vorhandene „aufgesetzt" die Messwerte werden addiert, wenn Sie testweise bei den Werten der Messreihe 200 die Summe der Werte in der Tabelle berechnen, ergibt dies 2117, wie im vorigen Diagramm dargestellt.

Also, falls Sie beim Ausprobieren der Diagrammvorlagen, ein „gestapeltes" Schema gewählt hatten, mit rechte Maustaste/Diagrammtyp ändern ein Diagrammschema auszuwählen ohne die Option „gestapelt".

> Diagrammtyp „gestapelt" merken, damit Sie nicht wie ich alle paar Monate nach der Ursache für diese merkwürdige Formatierung der Y-Achse suchen!

16.5 Legendeneinträge anpassen

Statt Datenreihe1 usw. wäre es besser die Geschwindigkeitswerte 30, 50, 60 usw. als Legendeneinträge zu sehen. Dies geht nicht gerade einfach.

➤ Klicken Sie auf dem Diagramm die rechter Maustaste, dann „Daten auswählen", jetzt links die Datenreihen1 anklicken und „Bearbeiten" wählen.

➤ Jetzt können Sie im Eingabebereich bei „Reihenname" einfach z.B. R1 für Datenreihen1 eintragen, nach OK wird nun 1 statt Datenreihen1 in der Legende angezeigt.

➤ Genauso für die weiteren Datenreihen die passenden Werte eintragen.

> Ähnlich könnten die Achsenwerte für die Geschwindigkeit geändert werden, bei „Daten auswählen" hierfür auf der rechten Seite bei „Horizontale Achsenbeschriftung" „Bearbeiten" anklicken und dann die gewünschten Werte mit gedrückter Maustaste angeben.

> Allgemeiner Hinweis zu diesen Werten: Die Werte ähneln tatsächlichen Messwerten, was durch folgenden physikalischen Hintergrund erklärt wird: doppelte Geschwindigkeit bedeutet vierfache Energie, damit viermal so langen Bremsweg.

16.6 Abschlussübung

Die Umsätze einiger Filialen sollen grafisch dargestellt werden:

	München	Berlin	Frankfurt
2016	1.245.000,00 €	2.657.885,00 €	2.146.443,00 €
2017	2.564.546,00 €	2.146.455,00 €	1.944.355,00 €
2018	3.165.547,00 €	2.254.454,00 €	1.745.464,00 €

Führen Sie folgendes durch:

➤ Lassen Sie den höchsten Wert von allen drei Filialen ermitteln, ebenso den niedrigsten Betrag: Max, Min (stellen Sie sich eine seitenlange Liste vor, bei der diese Werte nicht mehr leicht erkannt werden können).

➤ Formatieren Sie die Tabelle ansprechend (Als Tabelle formatieren).

➤ Stellen Sie die Werte grafisch in einem Diagramm dar (siehe Beispiel). Schalten Sie um zu einigen anderen Darstellungsformen, um diese auszuprobieren.

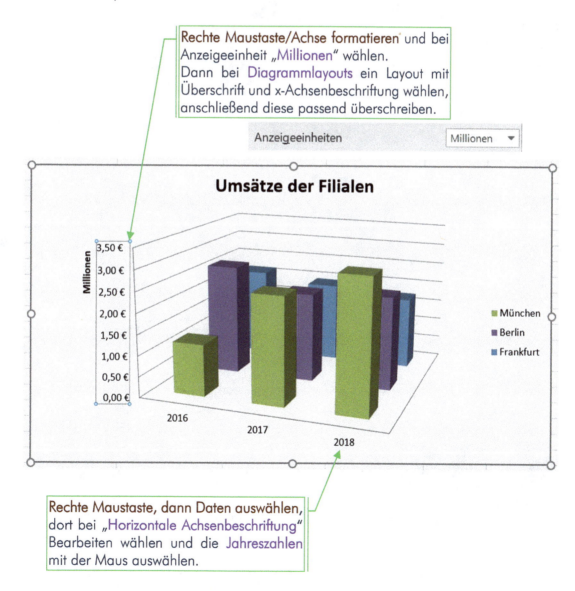

Rechte Maustaste/Achse formatieren und bei Anzeigeeinheit „Millionen" wählen.
Dann bei Diagrammlayouts ein Layout mit Überschrift und x-Achsenbeschriftung wählen, anschließend diese passend überschreiben.

Anzeigeeinheiten   Millionen ▼

Umsätze der Filialen

■ München
■ Berlin
■ Frankfurt

Rechte Maustaste, dann Daten auswählen, dort bei „Horizontale Achsenbeschriftung" Bearbeiten wählen und die Jahreszahlen mit der Maus auswählen.

17. Weitere Übungen

Zum Abschluss noch einige Übungen, um den Stoff zu vertiefen und um einige neue Formeln vorzustellen.

17.1 Eine Reisekostenabrechnung

	A	B	C	D	E	F
1		Reisekostenabrechnung Meier, Anton				
2			vom	01.06.2018	bis	30.06.2018
3	19% MwSt.					
4	Datum	Name	Bel.Nr.	Netto	MwSt 19%	Brutto
5	01.06.2018	Taxi	852	13,04 €	2,48 €	15,52 €
6	02.06.2018	TÜV	853	130,43 €	24,78 €	155,21 €
7	03.06.2018	Ikea	854	100,00 €	19,00 €	119,00 €
8	04.06.2018	DB	855	141,74 €	26,93 €	168,67 €
9						
10	06.06.2018	Taverne	856	17,22 €	3,27 €	20,49 €
11	07.06.2018	Taxi	857	20,87 €	3,97 €	24,84 €
12	08.06.2018	DB	858	233,04 €	44,28 €	277,32 €
13	09.06.2018	Benzin	859	58,26 €	11,07 €	69,33 €
14	10.06.2018	Telekom	860	318,62 €	60,54 €	379,16 €
15						
16	12.06.2018	Taxi	861	8,61 €	1,64 €	10,25 €
17	13.06.2018	Pizza	862	33,04 €	6,28 €	39,32 €
18	14.06.2018	Mitropa	863	13,83 €	2,63 €	16,46 €
19	15.06.2018	Stellplatz	864	4,35 €	0,83 €	5,18 €
20	16.06.2018	Benzin	865	47,83 €	9,09 €	56,92 €
21	17.06.2018	Telekom	866	346,96 €	65,92 €	412,88 €
22		Summe:		1.487,84 €	282,69 €	1.770,53 €
23	7% MwSt.					
24	Datum	Name		Netto	MwSt 7%	Brutto
25	05.06.2018	Fachbücher		35,51 €	2,49 €	38,00 €
26	11.06.2018	Bertelsmann		378,50 €	26,50 €	405,00 €
27		Summe:		478,50 €	28,98 €	442,99 €
28						
29					Summe insg.:	2.213,52 €
30					Vorsteuer 7%:	28,98 €
31					Vorsteuer 19%:	282,69 €
32						

> Summen per Summensymbol (Bereich erweitern), andere Formeln durch Zeigen. Hinweise zu den Formeln folgen auf der nächsten Seite.

Erstellen Sie diese Reisekostenabrechnung. Einige Hinweise:

- Für jeden Monat kann ein neues Blatt verwendet werden, der Jahresabschluss folgt auf einem weiteren Blatt, dann wird mit Datei/Speichern unter eine neue Mappe für das nächste Jahr angefangen.

- Meistens haben Sie Bruttobeträge auf den Quittungen, so dass sich folgende Formeln ergeben:

  ↳ für MwSt 19%: Betrag/119*19,

  ↳ netto ist dann der Betrag minus MwSt oder Betrag/119*100.

- Ist ein Nettobetrag einzutragen: Nettobetrag*19% für die MwSt.

- Mit getrennten Tabellen für 19%- und 7%-MwSt. und einer abschließenden Summendarstellung wird es sehr übersichtlich.

17.2 Währungstabelle

Auch mit dem Euro gibt es noch genügend andere Währungen. Kein Problem mit Excel. Zuerst eine Angabe mit einigen Umrechnungskursen, die natürlich nicht aktuell[1] sind, sondern nur der Übung dienen.

Währungen

			€/Währung
1 US Dollar =	1,14601€	1 € =	0,87259 $
1 Japanischer Yen =	0,008512€	1 € =	117,4812 ¥
1 chinesischerYuan =	0,13863€	1 € =	7,21345 Y

> Der Kehrwert ist der Umrechnungsfaktor für Euro: 1 / 1,14 usw.

€	Dollar	Yen	Yuan
1,00 €	0,8726	117,4812	7,2134
2,00 €	1,7452	234,9624	14,4269
3,00 €	2,6178	352,4436	21,6403
4,00 €	3,4904	469,9248	28,8538
5,00 €	4,3630	587,4060	36,0672
6,00 €	5,2356	704,8872	43,2807
7,00 €	6,1081	822,3684	50,4941
8,00 €	6,9807	939,8496	57,7076
9,00 €	7,8533	1057,3308	64,9210
10,00 €	8,7259	1174,8120	72,1345
250,00 €	218,1482	29370,3008	1803,3615

> Umrechnungsfaktor * €.
> Den Umrechnungsfaktor vor dem Kopieren mit vorangestellten Dollarzeichen $E$3*A5 absolut setzen, damit dieser beim Kopieren nicht verändert wird.

- Da Formeln eingetragen sind, brauchen Sie die Liste nicht endlos zu verlängern, sondern nur in der linken Spalte den gewünschten €-Betrag eintragen, und Sie erfahren den errechneten Wert in den anderen Währungen.

- ———————————————

[1] Aktuelle Umrechnungskurse finden Sie im Internet.

17.3 Notenauswertung mit SVerweis

Ein Beispiel aus der Schule. Die Noten sollen aus der erreichten Punktzahl errechnet und die statistische Verteilung der Noten soll ermittelt werden.

Zunächst wird der Notenschlüssel festgelegt (Tabelle von B4 bis D11):

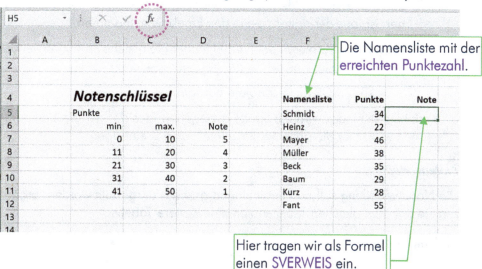

Die Namensliste mit der erreichten Punktezahl.

Hier tragen wir als Formel einen SVERWEIS ein.

Die Funktion SVERWEIS finden Sie im Funktionsassistenten bei „Nachschlagen und Verweisen" und natürlich bei „Alle".

Die Formel-Maske:

Die Werte B7 bis D11 gleich mit $-Zeichen maskieren, damit die Formel anschließend ohne Änderung nach unten kopiert werden kann: zuerst Bereich mit gedrückter Maustaste angeben, dann hier im Formel-Menü die $-Zeichen davorsetzen.

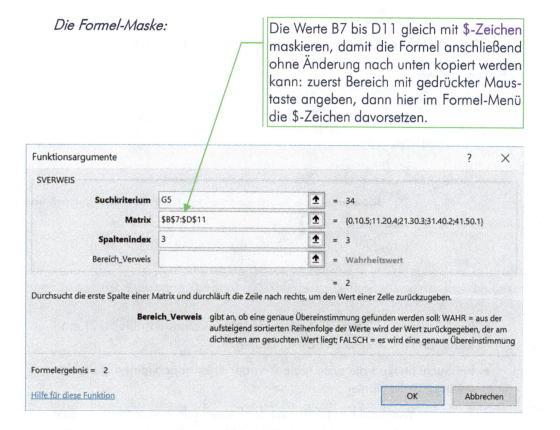

Beschreibung:

- ◆ Nach G5 (=34 Punkte bei Schmidt) wird gesucht. Dieser Wert wird beim Kopieren relativ verändert: G6, G7 usw.

- ◆ In der Notenmatrix von B7 bis D11 soll die Note für 34 Punkte (=G5, Schmidt) gefunden werden:

  - ↳ aus den ersten beiden Spalten wird ermittelt, wo der Wert einzuordnen ist, aus der dritten Spalte das Ergebnis entnommen.

  - ↳ Damit beim Kopieren der Formel immer die gleiche Matrix verwendet wird, mit Dollar-Zeichen in der Formel maskieren:

    $B$7:$D$11 (=absolute Bezüge).

- ◆ Bei Spaltenindex wird die Spalte angegeben, aus der der Wert entnommen wird, hier die dritte Spalte „Note", also 3 eintragen.

Notenverteilung:

Die Notenverteilung soll nun ermittelt und grafisch dargestellt werden. Ergänzen Sie auf dem gleichen Tabellenblatt eine weitere Tabelle:

Notenverteilung

Note	Häufigkeit
1	2
2	3
3	3
4	0
5	0

Hier arbeiten wir mit der Funktion ZählenWenn: es wird nur gezählt, wenn ein bestimmter Wert, z.B. die Note eins, vorhanden ist.

Die Häufigkeit eines Wertes berechnen wir mit ZählenWenn (bei Statistik):

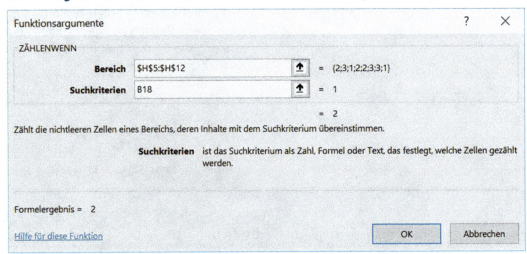

- ◆ Bei Bereich die Notenauflistung in der Namensliste (H5 bis H12) markieren und mit $-Zeichen absolut setzten,

- ◆ bei Suchkriterium die erste Note 1 in der links abgebildeten Notenverteilungstabelle wählen.

  - ↳ Dieser Wert wird beim Kopieren der Formel relativ verändert, so dass im nächsten Feld die Häufigkeit der Note 2 in der angegebenen Matrix angezeigt wird.

Grafische Auswertung:

Das ist kein Problem mehr für Sie. Erstellen Sie einen Notenspiegel als Balkendiagramm. Kleiner Hinweis:

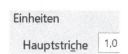

➤ Zuerst markieren: nur die Häufigkeit der Noten markieren, nicht die Notenspalte selbst, dann bei Einfügen ein Säulendiagramm wählen.

➤ Sie könnten ein Schnelllayout mit Titel und Achsenbeschriftungen wählen, doch dieses Menü ist ziemlich klein und daher unübersichtlich, empfehlenswerter ist, bei Diagrammformatvorlagen ein optisch ansprechendes Design und ganz links bei „Diagrammelement hinzufügen" die gewünschten Elemente, z.B. Legende oder nicht, zu wählen.

➤ Die Beschriftungen anklicken und passend überschreiben.

➤ Y-Achse anklicken, rechte Maustaste und bei Achsen formatieren als Hauptintervall 1 angeben, da wir nur ganzzahlige Häufigkeiten haben.

➤ Mit anderen Darstellungsformen experimentieren.

Natürlich können Sie auch noch den Mittelwert errechnen, hier 2,375.

Den Mittelwert finden Sie bei Statistik, dann die Noten der Namensliste als Werte angeben.

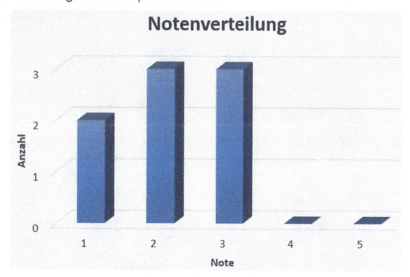

17.4 Monatsgehälter mit Prämien

Das ist ein Fall für Wenn-Bedingungen: wenn Gehalt über Grenzwert, dann Prämie. So soll es werden:

Monatsgehälter

Vertreter	Umsatz	Grundgehalt	Prämie 1	LOB	Auszahlung
Mayer	28000	4000	1120	0	5120
Licht	19000	4000	0	0	4000
Untermayer	35000	7000	0	500	7500
Schuster	22000	3600	880	0	4480

Die Werte bei Prämie, Lob und Auszahlung sollen berechnet werden:

- ◆ Bei Prämie 1 wird folgende Wenn-Bedingung (bei Logik) eingefügt:
  - ↳ Wenn B3 (Umsatz) größer als (>) fünf Mal C3 (Grundgehalt),
  - ↳ dann 4 Prozent vom Umsatz, sonst 0.

Zunächst im Formelassistenten die Kategorie Logik wählen, dann dort die Wenn-Bedingung starten und in der Eingabemaske die Werte (B3 usw.) durch Zeigen angeben und die Formel (>5*C3 sowie 4%*B3) schreiben.

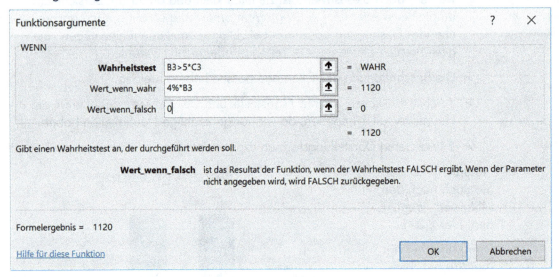

> ➢ Damit haben wir eine kombinierte Berechnung eingegeben, diese kann nun in die folgenden Zeilen kopiert werden.

Die Formel bei Lob:

- ◆ Wenn B3 (Umsatz) ist gleich (=) der maximale Wert in der Matrix mit den Umsätzen ($B$3:$B$6),
  - ↳ dann 500 addieren, sonst 0 €.

In der Formel eine weitere Formel MAX eintragen (einfach schreiben). Die Matrix vor dem Kopieren mit $-Zeichen absolut setzen: ($B$3:$B$6).

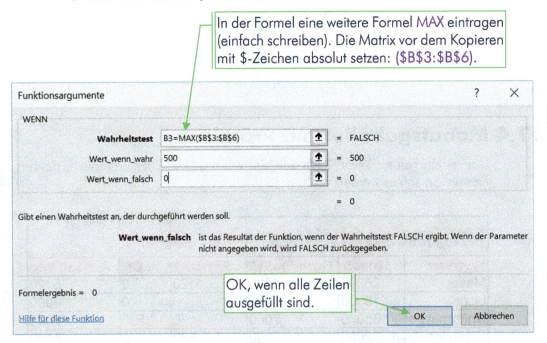

OK, wenn alle Zeilen ausgefüllt sind.

Bei Auszahlung eine simple Summe: Grundgehalt + Prämie + Lob.

17.5 Logik

In Excel können wir WAHR oder FALSCH ausgeben und mit der vorhin durchgenommenen WENN-Bedingung verknüpfen, z.B. wenn rot und blau, dann bunt. Weitere nützliche Formeln sind UND oder ODER. Das wird am Beispiel erläutert.

Aus einer endlos langen Computerliste mit Daten sollen für eine Werbeaktion folgende herausgefiltert werden:

- ♦ Alter über 18 und

- ♦ Einkommen über 3000,- € oder Miete über 1.000,- €.

- ➢ Zur Übung begnügen wir uns mit einigen Beispielwerten, tragen Sie diese für Alter, Einkommen und Miete ähnlich den abgebildeten in einer neuen Tabelle ein.

Damit wir nicht eine Riesenformel (auch möglich) erhalten, ermitteln wir in jeweils einer neuen Spalte zunächst diese drei Teilergebnisse.

- ♦ Wenn(Alter>18;WAHR;FALSCH)

  ↳ d. h.: wenn Alter über 18, dann WAHR, sonst FALSCH eintragen.

- ♦ Wenn(Einkommen>3000;WAHR;FALSCH)

- ♦ Wenn(Miete>1000;WAHR;FALSCH)

Jetzt haben wir bereits WAHR oder FALSCH in den neuen Spalten, die wir für das Endergebnis nur noch verknüpfen müssen:

- ♦ UND(Alter;ODER(Einkommen;Miete))

  ↳ d.h.: Alter > 18 und (Einkommen > 3000 oder Miete > 1000).

> In Worten: die Formel liefert als Ergebnis Wahr, wenn das Alter über 18 und entweder das Einkommen über 3000 oder die Miete über 1000.

Die Ausgabe erfolgt als WAHR oder FALSCH:

Die Formel:
=Wenn(A5>18;WAHR;FALSCH)

Die Formel:
=UND(D5+ODER(E5;F5))

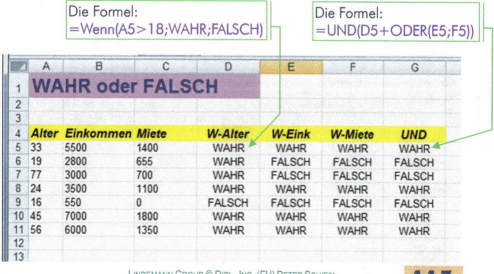

	Alter	Einkommen	Miete	W-Alter	W-Eink	W-Miete	UND
1	**WAHR oder FALSCH**						
2							
3							
4	*Alter*	*Einkommen*	*Miete*	*W-Alter*	*W-Eink*	*W-Miete*	*UND*
5	33	5500	1400	WAHR	WAHR	WAHR	WAHR
6	19	2800	655	WAHR	FALSCH	FALSCH	FALSCH
7	77	3000	700	WAHR	FALSCH	FALSCH	FALSCH
8	24	3500	1100	WAHR	WAHR	WAHR	WAHR
9	16	550	0	FALSCH	FALSCH	FALSCH	FALSCH
10	45	7000	1800	WAHR	WAHR	WAHR	WAHR
11	56	6000	1350	WAHR	WAHR	WAHR	WAHR
12							
13							

Das Eingabemenü für die Wenn-Formel bei W-Alter:

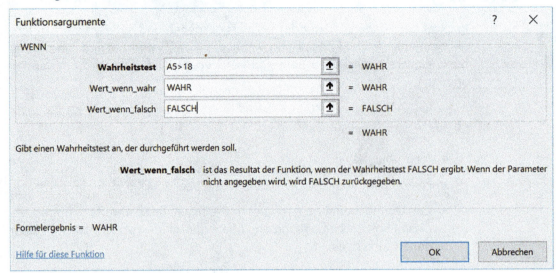

Das ergibt folgende Formel:

=WENN(A5>18;WAHR;FALSCH)

- ✎ Diese Formel könnten Sie von Hand schreiben oder ändern. Die Bedingungen müssen in den Klammern stehen und durch Strichpunkt voneinander getrennt sein.

- ➢ Danach für W-Eink (>3000) und W-Miete (>1000) die Wenn-Bedingungen eintragen

- ➢ und abschließend diese mit der UND-Formel auswerten.

- ◆ UND finden Sie bei Logik,

  - ✎ dann den ersten Wert bei W-Alter anklicken, weiter zu Wahrheitswert 2 und dort eine ODER-Formel eintragen: ODER(E5;F5)

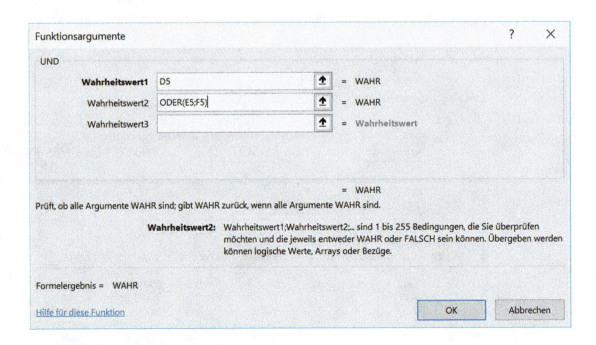

17.6 Trendberechnung

Wenn sich kontinuierlich entwickelnde Daten vorhanden sind, z.B. die Ergebnisse einer Versuchsreihe, Immobilienpreise oder der Firmengewinn, kann Excel mit der Funktion Trend die voraussichtliche Entwicklung als Fortsetzung der Anfangswerte darstellen.

	A	B
1	**Gewinnentwicklung**	
2		
3	*Monat*	*Gewinn*
4	Aug-18	356.00 €
5	Sep-18	389.00 €
6	Oct-18	477.00 €
7	Nov-18	796.00 €
8	Dec-18	1,557.00 €
9	Jan-19	3,678.00 €
10	Feb-19	2,433.00 €
11	Mar-19	8,456.00 €
12	Apr-19	12,644.00 €
13	May-19	15,567.00 €
14	Jun-19	22,567.00 €
15	Jul-19	
16	Aug-19	
17	Sep-19	
18	Oct-19	
19	Nov-19	
20	Dec-19	
21	Jan-20	
22	Feb-20	
23		

In der Zelle B15 werden wir den ersten Wert errechnen lassen.

➢ Zelle B15 anklicken und die Funktion Trend bei Statistik wählen, Werte durch Zeigen angeben und als Vorbereitung zum Kopieren Y- und X-Werte absolut setzen:

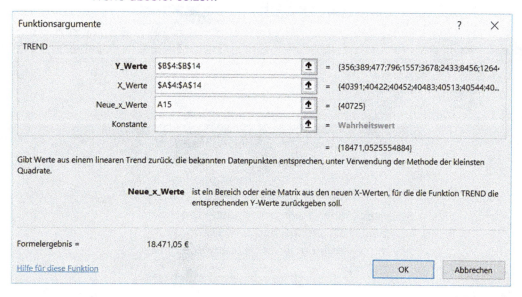

Erläuterung zu den Werten:

- ♦ Die Y-Werte sind die Gewinne B4 bis B14, die X-Werte die Monate A4 bis A14, der neue X-Wert der Monat des ersten zu schätzenden Wertes in A15.

- ♦ Die vorhandenen Werte der Matrix am besten gleich im Menü maskieren (=mit vorangestellten $-Zeichen absolut setzen), damit die errechneten neuen Werte ab B15 nicht mit in die weitere Trendberechnung einbezogen werden, wenn wir die Formel nach unten kopieren.

  =TREND($B$4:$B$14;$A$4:$A$14;A15)

- ➢ Anschließend das erste Trend-Ergebnis nach unten in die anderen Zellen ziehen.

Bemerkung: der erste geschätzte Wert liegt unerwarteter Weise unter dem letzten vorhandenen Wert, da dieser letzte Wert einen ziemlich großen Sprung gemacht hatte und Excel die Tendenz aller Werte einbezieht.

An der Übersicht sind die Trend-Werte ersichtlich:

- ➢ Formatieren Sie die geschätzten Trendwerte und Jahreszahlen mit einer anderen Farbe.

- ➢ Erstellen Sie neben der Datentabelle ein Diagramm, dass die Entwicklung anzeigt:

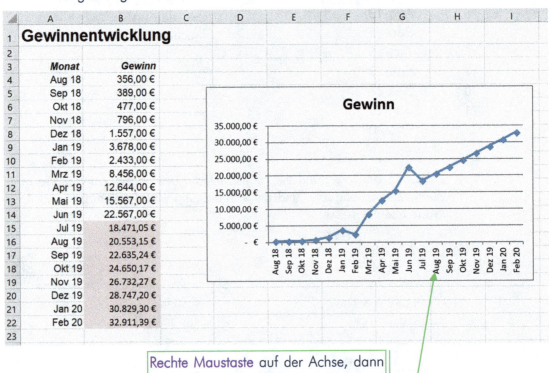

Rechte Maustaste auf der Achse, dann „Achse formatieren".
Dort können Sie bei Achsenoptionen als Hauptintervall 1 fest einstellen.
Anschließend evtl. vorhandene Legende anklicken und löschen sowie Diagramm verbreitern, damit die Achsenwerte Platz haben.

18. Pivot-Tabelle

Das ist eine Funktion von Excel mit dem Ziel, aus großen, umfangreichen Datensammlungen gewünschte Daten herauszufiltern und ansprechend darzustellen. Dabei kann auch die X-Y-Anordnung vertauscht werden.

Beispiele:

♦ Aus einer umfangreichen Datenbank eines Schmetterlingssammlers sollen die Daten nach dem Datum oder Gattung sortiert angezeigt werden.

♦ Eine Firma hat viele Filialen mit zahlreichen Vertriebsmitarbeitern. Eine umfangreiche Tabelle mit den Verkaufszahlen der Vertriebsmitarbeiter existiert. Die Daten sollen z.B. nach Filiale oder nach Erdteil gruppiert oder die Top-Mitarbeiter sollen herausgefiltert werden.

18.1 Übersicht Pivot-Möglichkeiten

Es gibt drei Möglichkeiten, Pivot-Funktionen zu starten, da eher wenig Unterschiede bestehen, sind die Unterschiede nicht gerade selbsterklärend.

Bei der Karteikarte Einfügen finden Sie:

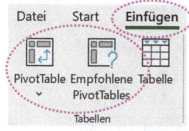

Die Unterschiede bestehen aus:

♦ PivotTable: erzeugt nur eine Tabelle ohne Diagramm (Chart).

♦ Empfohlene PivotTables: wie zuvor, jedoch werden Tabellenvorschläge angezeigt, von denen eines gewählt werden kann, welches aber immer auf ein neues Blatt eingefügt wird, daher selten optimal.

♦ PivotChart: zwei Optionen können im Abrollmenü gewählt werden, „PivotChart" oder „PivotChart und PivotTable", die beide die gleiche Wirkung haben, nämlich eine Tabelle und ein Diagramm (Chart) einzufügen.

  ✎ Letzteres ist die meist passende Option, auch da hier z.B. auf dem gleichen Blatt oder auf neuem Blatt gewählt werden kann.

18.2 Übungstabelle erstellen

Eine Übungstabelle muss nicht so unübersichtlich lang werden, wie dies in der Praxis meist der Fall ist. Zur Übung ist es sogar sinnvoller, wenn die Datenmenge überschaubar bleibt, um den Überblick über die Wirkung zu behalten.

> ➤ Erstellen Sie folgende Datenbank:

Mitarbeiter	Umsatz	Filiale	Land
Schulz	23.223.445,00 €	Essen	Germany
Meier	12.342.356,00 €	München	Germany
Müller	33.376.778,00 €	Frankfurt	Germany
Hagiwara	13.234.235,00 €	Tokio	Japan
Nguyen	13.452.676,00 €	Hanoi	Vietnam
Schmidt	26.778.456,00 €	Berlin	Germany
de Hulk	87.435.325,00 €	Amsterdam	Netherlands
Stefinski	74.574.563,00 €	Warschau	Poland
Dimitri	75.745.678,00 €	Petersburg	Russia
Wood	24.356.378,00 €	Philadelphia	USA
Spencer	35.346.457,00 €	NY	USA
McDon	23.556.657,00 €	London	GB
Dostojewsky	55.857.643,00 €	Moskau	Russia

> Wichtig: zuvor den Cursor rechts oben neben die Tabelle setzen, wenn der Cursor z.B. oberhalb der existierenden Tabelle stehen würde, würde diese überschrieben werden (Warnung erscheint).

> ➤ Wählen Sie auf der Karteikarte Einfügen rechts bei den Diagrammen PivotChart/PivotChart:

> ↳ Die andere Option PivotChart und PivotTable ist identisch.

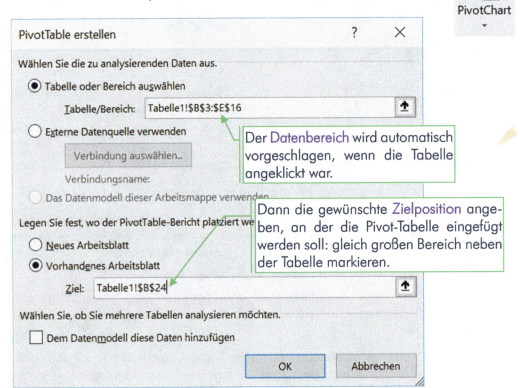

Rechts erscheint ein Menü, in dem nun die gewünschten Felder ausgewählt werden können, nach denen die Werte gruppiert werden sollen:

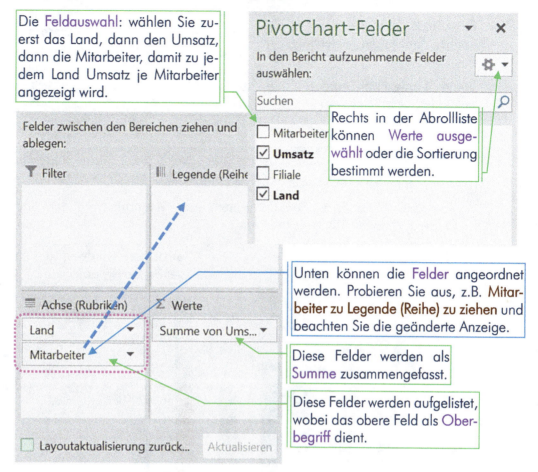

Die Feldauswahl: wählen Sie zuerst das Land, dann den Umsatz, dann die Mitarbeiter, damit zu jedem Land Umsatz je Mitarbeiter angezeigt wird.

Rechts in der Abrollliste können Werte ausgewählt oder die Sortierung bestimmt werden.

Unten können die Felder angeordnet werden. Probieren Sie aus, z.B. Mitarbeiter zu Legende (Reihe) zu ziehen und beachten Sie die geänderte Anzeige.

Diese Felder werden als Summe zusammengefasst.

Diese Felder werden aufgelistet, wobei das obere Feld als Oberbegriff dient.

Die weiteren Felder für die Auswahl der Werte:

Die Felder können auch mit der Maus aus der obigen Auswahlliste in die unteren Felder, die die Anordnung bestimmen, gezogen werden.

- ♦ Filter: wenn Sie hier ein Feld hinziehen, erscheint dieses über der Pivot-Tabelle als Filter, aus dessen Abrollmenü können die gewünschten Werte ausgewählt werden, z.B. um die Umsätze einiger Länder anzuzeigen.

- ♦ Legende (Reihe): wenn Felder hierhin gezogen werden, werden dessen Werte in einzelnen Spalten angezeigt.

Wir können jedoch die fertige Tabelle weiterhin beliebig umstellen, um die Daten wie gewünscht zusammenzustellen, was einer der großen Vorteile ist:

Notizen: ....

....

....

....

....

....

....

Hier sind per Filter nur diese drei Länder ausgewählt.

Sie können auch an der fertigen Tabelle die Felder noch umstellen.

Wenn Sie die Pivot-Daten anklicken, erscheint das Menü zum Einrichten.

Zeilenbeschriftungen	Summe von Umsatz
⊟ GB	23556657
McDon	23556657
⊟ Germany	95721035
Meier	12342356
Müller	33376778
Schmidt	26778456
Schulz	23223445
⊟ Netherlands	87435325
de Hulk	87435325
Gesamtergebnis	206713017

➢ Ergänzen Sie ein zweites Tabellenblatt und verschieben Sie das Diagramm dorthin, dann vergrößern.

➢ Rechte Maustaste auf dem Diagramm, dann Diagrammtyp ändern und z.B. gestapelte 3D-Säulen wählen:

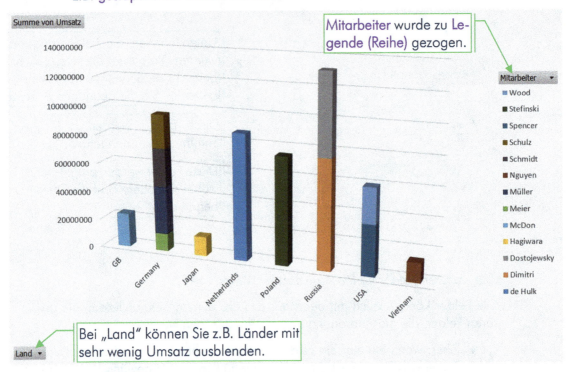

Mitarbeiter wurde zu Legende (Reihe) gezogen.

Bei „Land" können Sie z.B. Länder mit sehr wenig Umsatz ausblenden.

18.3 Übersicht Formel-Menü

Im Formelassistenten fx finden Sie alle Formeln. Etwas übersichtlicher sind diese ebenso in Hauptgruppen einsortiert auf der Karteikarte Formeln zu finden. Ob Sie Formeln aus dem Assistenten oder Formel-Menü entnehmen wollen, ist reine Geschmackssache.

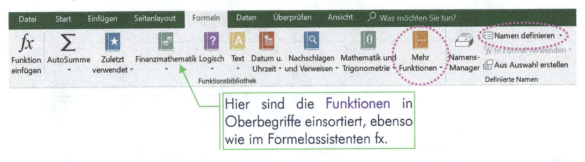

Hier sind die Funktionen in Oberbegriffe einsortiert, ebenso wie im Formelassistenten fx.

♦ Praktisch: im Abrollmenü bei AutoSumme finden Sie auch die Funktionen Mittelwert, Anzahl, Max und Min. Damit können diese Funktionen ebenso einfach wie die Summe eingefügt werden, wobei Excel die obenstehenden Werte vorschlägt.

↳ Ermitteln Sie den Mittelwert sowie den größten und kleinsten Wert der Umsätze.

♦ Unter den Oberbegriffen wie Logisch oder Finanzmathematik finden Sie eine Auswahl, noch mehr Funktionen bei der Schaltfläche „Mehr Funktionen".

18.4 Namen definieren

Auf der Karteikarte Formeln finden Sie rechts von den Formeln noch die Namensfunktionen. Damit können Zellen manuell oder automatisch Namen zugewiesen werden, so dass diese Namen statt der Zellbezüge in Formeln verwendet werden können.

Probieren wir dies aus:

➢ Öffnen Sie die Notenauswertung und

➢ markieren Sie die Notenwerte, dann „Namen definieren" und Noten als Name eintragen.

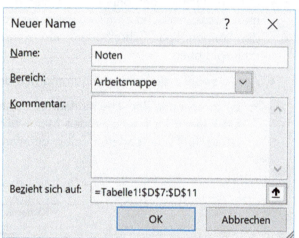

➢ Jetzt können Sie bei der Häufigkeit in der Formel
=ZÄHLENWENN($H$5:$H$12;B19)
statt dem Bereich $H$5:$H$12 einfach „Noten" eintragen:
=ZÄHLENWENN(Noten;B19)

➢ Die Formel funktioniert weiter, selbst wenn diese nach unten kopiert wird.

Natürlich können Sie solche Namen auch beim Erstellen neuer Formeln im Formelassistenten verwenden.

> Durch die Namensgebung können umfangreiche Kalkulationen vereinfacht und übersichtlicher werden, vor allem, wenn über mehrere Tabellenblätter oder Mappen gearbeitet wird.

Weitere Funktionen bezüglich der Namensgebung:

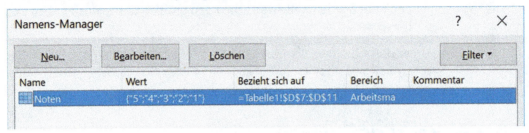

Namens-Manager

♦ Im Namensmanager, ebenfalls bei Formeln, können Sie sich vergebene Namen anzeigen lassen, diese auch umbenennen oder löschen. Auch die Werte und der Ursprung werden angezeigt.

Name	Wert	Bezieht sich auf	Bereich	Kommentar
Noten	{"5";"4";"3";"2";"1"}	=Tabelle1!$D$7:$D$11	Arbeitsma	

Weitere Möglichkeiten bei „Definierte Namen":

♦ In Formel verwenden öffnet ein Fenster, aus dem die vorhandenen Namen ausgewählt und damit während der Formeleingabe eingefügt werden können. Spart Schreibarbeit oder wenn Sie den Namen nicht mehr im Kopf haben.

♦ Aus Auswahl erstellen: wählt automatisch den Namen.

☞ Entsprechende Bereiche markieren, dann diese Funktion wählen und Sie können im erscheinenden Menü wählen, ob der Name aus der Überschrift oder anderen Zellen definiert werden soll:

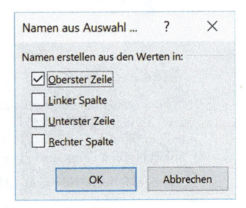

LINDEMANN GROUP © DIPL.-ING. (FH) PETER SCHIESSL

19. Externe Daten, Überwachung

19.1 Externe Daten

Sie können in einer Arbeitsmappe auf Daten anderer Arbeitsmappen zugreifen. Allerdings darf die Quelldatei später weder umbenannt noch verschoben werden, da sonst die Datenquelle nicht gefunden wird, bzw. manuell angegeben werden muss.

Erstellen wir eine kleine Übung:

> ➢ Wir verwenden unsere Notenauswertung. Nehmen wir an, Sie wollen zum Schuljahresende von allen Arbeiten den statistischen Mittelwert erstellen, um in dieser Übersicht zu sehen, ob sich das Niveau verbessert oder verschlechtert hat.

> ➢ Öffnen Sie die vorige Übung Notenverteilung und beginnen Sie eine neue Mappe, in welcher wir die Mittelwerte aller Schularbeiten des ganzen Schuljahres zusammenstellen wollen.

> ➢ Schreiben Sie die Überschriften wie rechts angegeben, dann darunter eine Zelle anklicken und beim Formelassistenten fx aus der Kategorie Statistik die Funktion Mittelwert auswählen.

Statistische Mittelwerte	
1. Arbeit	

> ➢ Hier klicken, dann mit [Alt]-[Tab] zur Notenauswertung wechseln und dort mit gedrückter Maustaste bei der Namensliste die Notenspalte markieren und mit OK den Formelassistenten schließen.

Folgende Formel wird damit in der neuen Arbeitsmappe mit Bezug zur Notenauswertung eingetragen:

=MITTELWERT([Notenverteilung.xlsx]Tabelle1!$H$5:$H$12)

Genauso würden dann die Mittelwerte der folgenden Schularbeiten in dieser Übersicht berechnet und eingefügt, abschließend könnte noch ein Mittelwert für das ganze Jahr ergänzt werden.

Externe Datenquelle angeben:

♦ Wenn eine externe Datenquelle geöffnet ist, können Sie die Werte durch Zeigen auswählen. Dann übernimmt Excel den korrekten Eintrag für Sie.

↳ Entweder mit = die Werte manuell berechnen oder mit dem Formelassistenten, welcher bei komplexen Formeln hilft, die richtigen Werte auszuwählen.

Einige Hinweise zur Angabe externer Daten:

♦ Der Dateiname ist in eckige Klammern [] zu setzen, bzw. wird beim Angeben der Daten durch Zeigen automatisch in eckige Klammern gesetzt, wenn auf Werte aus anderen Tabellen verwiesen wird.

♦ Das Tabellenblatt ist ebenfalls anzugeben, zur Trennung gefolgt von einem Ausrufezeichen, danach die Zelle mit den Daten oder die Matrix.

Daten aktualisieren:

♦ Wenn die Angabe stimmt, können Sie auf der Karteikarte Daten die Verknüpfung aktualisieren oder bearbeiten:

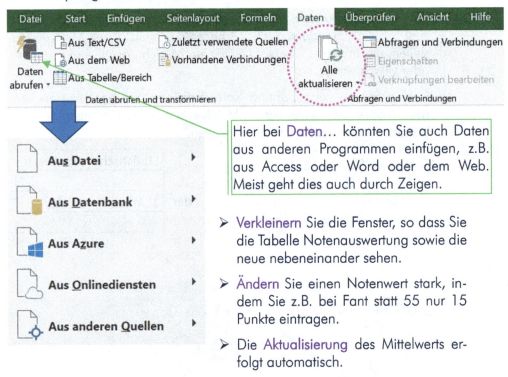

➢ Verkleinern Sie die Fenster, so dass Sie die Tabelle Notenauswertung sowie die neue nebeneinander sehen.

➢ Ändern Sie einen Notenwert stark, indem Sie z.B. bei Fant statt 55 nur 15 Punkte eintragen.

➢ Die Aktualisierung des Mittelwerts erfolgt automatisch.

Falls eine Fehlermeldung erscheint:

Wenn das Original geändert wurde (anderer Dateiname, Speicherort usw.), erscheint keine Fehlermeldung, der Wert aktualisiert sich einfach nicht mehr.

➢ Schließen Sie die Notenauswertung, dann den Dateinamen ändern, z.B. die Jahreszahl ergänzen und erneut öffnen.

➢ Ändern Sie einen Wert – es erfolgt keine Änderung. Es muss manuell die Verknüpfung zu der Datei Notenauswertung repariert werden.

> Mittelwert anklicken, dann kommen Sie mit „Verknüpfungen bearbeiten" auf der Karteikarte Daten zu dem folgenden Fenster:

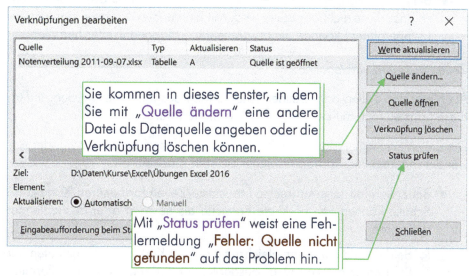

19.2 Aus- und Einblenden

Es ist oft ein Problem bei Tabellen, dass diese zu unübersichtlich werden, sobald es zu viele Spalten und Zeilen gibt.

Deshalb können im Excel Spalten oder Zeilen ausgeblendet werden.

> Öffnen Sie die Reisekostenabrechnung.

> Die Netto- und MwSt.-Spalte markieren und auf dem Spaltenreiter die rechte Maustaste drücken, dann Ausblenden wählen.

Diese Spalte wird nun weder angezeigt noch ausgedruckt und ist nur an den Doppelstrichen der Tabellenreiter oder der fehlenden Buchstaben erkennbar:

> Die Spalte kann jederzeit wieder mit rechte Maustaste/Einblenden aktiviert werden, entweder ganz genau über den zwei Doppelstrichen die rechte Maustaste drücken oder

     ✥ die beiden Spalten links und rechts von den ausgeblendeten Spalten markieren, d.h. in diesem Beispiel Spalte C bis F markieren, da Spalten D-E ausgeblendet wurden.

 Da Sie ausgeblendete Spalten nicht erkennen, ist die Gefahr hoch, dass Sie beim späteren Öffnen der Tabelle sich nicht mehr an die ausgeblendeten Spalten erinnern und diese übersehen. Zur Sicherheit sollte ein Kommentar mit Hinweis auf die ausgeblendete Spalte gesetzt werden.

♦ Im Menü finden Sie die Befehle zum Aus- und Einblenden bei Start: Format (bei Zellen).

Auch Zeilen können ausgeblendet werden, entweder links auf dem Rand die rechte Maustaste drücken oder Markieren und mit dem Befehl bei Start/Format.

Mappen aus- und einblenden:

- ◆ Bei Ansicht können Sie mit Ausblenden die aktuelle Mappe ausblenden, so dass diese nicht angezeigt wird. Mit Einblenden darunter (ggf. andere Mappe öffnen) können Sie ausgeblendete Mappen wieder herholen.

Zellen aus- und einblenden:

Auch einzelne Zellen oder Zellbereiche können ausgeblendet werden, indem diese ganz einfach mit der Farbe Weiß formatiert werden.

Die Zellen erscheinen dann leer, bei aktiviertem Blattschutz könnte nur der Anwender mit dem Passwort diese wieder sichtbar machen.

- ◆ Bei Zellen formatieren (rechte Maustaste/Zellen formatieren/Karteikarte Schutz) können Sie markierte Bereiche als gesperrt oder ausgeblendet definieren.

- ↳ Beides wirkt nur, wenn gleichzeitig auf der Karteikarte Überprüfen der Blattschutz aktiviert wird, ausgeblendet bedeutet, dass nur Formeln nicht angezeigt werden.

19.3 Formelüberwachung

Bei der Karteikarte Formeln finden Sie die Befehle für die Formelüberwachung, mit denen Sie hier z.B. anzeigen lassen können, welche Werte zur Berechnung herangezogen werden.

- ➢ Öffnen Sie die Übung „Notenverteilung" und klicken Sie eine Zelle bei Note an, die eine Formel enthält.

- ➢ Drücken Sie bei Formeln auf „Spur zum Vorgänger, bzw. Nachfolger".

    ⧉ Spur zum Vorgänger
    ⧉ Spur zum Nachfolger
    ⧉ Pfeile entfernen ▾

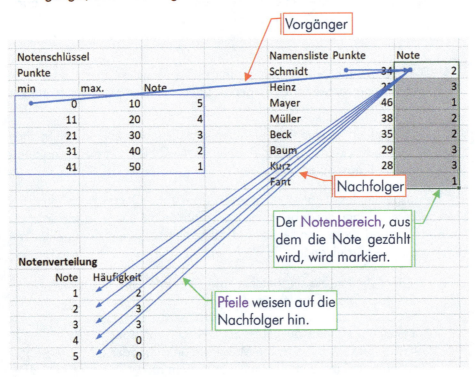

Die Befehle der Formelüberwachung:

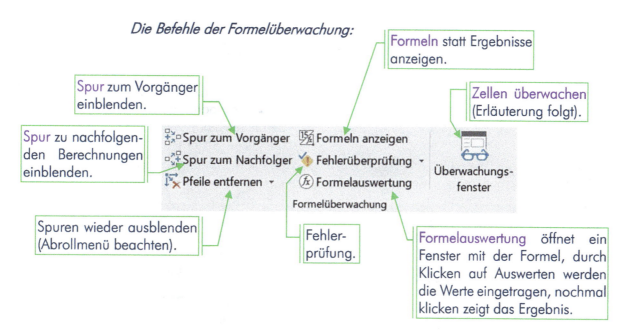

19.4 Zellen überwachen

Mit dem Überwachungsfenster (s. o.) können Sie in einem separaten Fenster Ergebnisse oder Werte anzeigen lassen. Das ist alles. Der Nutzen ist bei umfangreichen Arbeitsmappen gegeben, indem Werte von anderen Mappen oder Blättern im Blick behalten werden können.

Durch Klicken auf das Symbol wird das Überwachungsfenster ein- oder ausgeblendet.

Überwachungs-
fenster

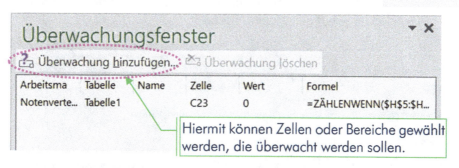

Die Werte werden damit nur angezeigt. Wenn Sie Zellen in dem Sinne überwachen wollen, **dass bei bestimmten Kriterien eine Meldung erfolgt,** so ist dies mit den Gültigkeitsregeln möglich, die im nächsten Kapitel folgen.

19.5 Gültigkeitsregeln

Zur Überwachung, so dass bei bestimmten Kriterien eine Meldung erfolgt, gibt es die Gültigkeitsregeln. Damit können Fehleingaben oder kritische Werte, etwa zu viele schlechte Noten, erkannt werden.

➢ Bei unserem Notenbeispiel könnten Sie z.B. die Spalte mit den erreichten Punkten markieren und dann auf der Karteikarte Daten mit dem Befehl Datenüberprüfung bestimmen, dass nur „Ganze Zahlen" zwischen 0 und 50 Punkten zulässig sind.

➢ Danach werden Fehleingaben gemeldet.

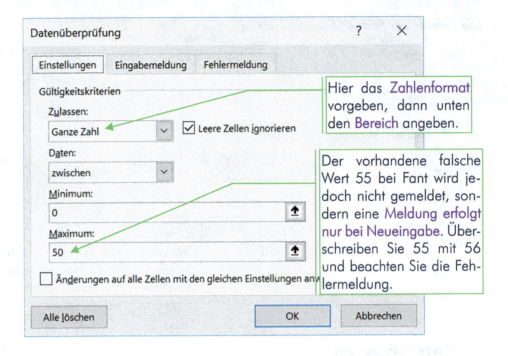

Weiteres zu der Gültigkeitsprüfung:

- Auf der Karteikarte Eingabemeldung können Sie einen Hinweistext eintragen, der beim Anklicken dieser Zelle erscheinen soll,

- auf der Karteikarte Fehlermeldung eine Meldung, die angezeigt wird, wenn ein unzulässiger Wert eingegeben wurde.

  ↳ Als Typ ist wählbar: Information, Warnung oder „Stopp": bei letzterem werden fehlerhafte Eingaben blockiert.

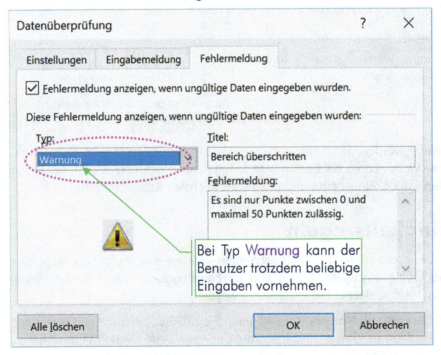

20. Index